Stéphane Etrillard

Wenn ich weiß, wer ich bin, kann ich sein, wie ich möchte

Der Weg zum souveränen Ich

Der Goldegg Verlag achtet bei seinen Büchern und Magazinen auf nachhaltiges
Produzieren. Goldegg Bücher sind umweltfreundlich produziert und orientieren
sich in Materialien, Herstellungsorten, Arbeitsbedingungen und Produktions-
formen an den Bedürfnissen von Gesellschaft und Umwelt.

ISBN Print: 978-3-99060-037-5
ISBN E-Book: 978-3-99060-038-2

© 2017 Goldegg Verlag GmbH
Friedrichstraße 191 • D-10117 Berlin
Telefon: +49 800 505 43 76-0

Goldegg Verlag GmbH, Österreich
Mommsengasse 4/2 • A-1040 Wien
Telefon: +43 1 505 43 76-0

E-Mail: office@goldegg-verlag.com
www.goldegg-verlag.com

Layout, Satz und Herstellung: Goldegg Verlag GmbH, Wien
Druck und Bindung: EuroPb

Inhaltsverzeichnis

Der Weg zum souveränen Ich

Sind Sie bereit für ein kleines Experiment? Das Vorwort oder der Einstieg eines Buches sind die ersten Seiten, die Sie lesen. Bei meinem Schreibprozess läuft es andersherum: Zum Schluss, nachdem das Manuskript fertig ist, verfasse ich den Einstieg. Darin beschreibe ich üblicherweise auf ein, zwei Seiten, was Sie auf den vielen folgenden Seiten erwartet. Bei diesem Buch möchte ich es anders machen und mit einem kleinen Experiment beginnen, an dem Sie sich beteiligen können. Das Experiment ist einfach: Wie wäre es, wenn Sie ab sofort jeden Tag eine bestimmte Sache anders machen als bisher? Es einmal auszuprobieren, kostet gar nichts, doch kann dieses kleine Experiment sehr aufschlussreich sein.

Alle Menschen neigen dazu, auf den Pfaden der eigenen Vergangenheit zu wandeln, selbst dann, wenn wir insgeheim wissen, dass uns diese Pfade nicht dorthin führen, wo wir hinmöchten. Wenn wir nun jeden Tag etwas Neues oder Dinge anders machen als bislang, schaffen wir damit eine gewisse Distanz zum Altbewährten. Dafür brauchen wir keine spektakulären Aktionen starten, es reicht schon, ein paar kleine Alltagshandlungen neu auszurichten: sich mit einem Menschen treffen, mit dem Sie sich sonst nicht treffen; den eigenen Tagesablauf ein klein wenig verändern oder ein Gespräch mit anderen Menschen auf unerwartete Weise beginnen. Es gibt unzählige Möglichkeiten, aus Routinen auszubrechen und Neues in das eigene Leben zu lassen. Probieren Sie es einfach einmal aus.

Wofür ist dieses Experiment gut? Wenn wir jeden Tag bewusst etwas Neues wagen, ersetzen wir alte Gewohnheiten durch neues Verhalten und Handeln. Vor allem lernen wir jedoch, Alternativen zuzulassen und das Neue zu akzeptieren und als Komponente des Lebens zu integrieren. Damit schütteln wir die Eintönigkeit alltäglicher Routinen ab und ermöglichen uns, neue Blickwinkel einzunehmen. Schon das ist ein Gewinn. Das wahre Ziel ist jedoch, dem Neuen überhaupt erst einmal eine Chance zu geben. Und dafür müssen wir damit beginnen, Neues in das eigene Leben hineinzulassen.

Denn letztlich machen wir sehr vieles immer wieder auf die gleiche Weise – und wundern uns dann, dass wir stets die gleichen Ergebnisse produzieren, die gleichen Probleme haben und das gleiche Leben führen. Ich habe schon vor sehr langer Zeit damit begonnen, jedes Jahr ein neues Projekt ins Leben zu rufen. So sorge ich dafür, dass sich keine Routine einstellt und ich ständig etwas Neues entwickle. Nur wer etwas Neues zulässt, kann verhindern, komplett aufgeschmissen zu sein, wenn das, was immer funktioniert hat, plötzlich nicht mehr funktioniert. Und nur, wer auch einmal etwas Neues unternimmt, kann souverän seinen eigenen Weg bestimmen.

Sehr viele Menschen sind zunehmend frustriert, weil sie ein Leben führen, das nicht ihren Vorstellungen entspricht. Viele sehen keinen Ausweg mehr und machen dennoch weiterhin Dinge, die nicht zu ihnen passen und zu denen sie nicht stehen. Sie leben gegen ihre eigenen Werte, unternehmen jedoch nichts, um die Situation zu ändern. *Deshalb ist es wichtig zu wissen, wer Sie überhaupt sind. Denn erst, wenn Sie wirklich wissen, wer Sie sind, können Sie so sein, wie Sie es möchten.* Nur wer sich selbst kennt, kann Verantwortung übernehmen – für sich und für andere. Nur wer weiß, *was* er wirklich will, kann sich und andere vorwärtsbringen.

Der Weg zum souveränen Ich ist damit ein Weg hin zur Selbstbestimmung. Und ein selbstbestimmter Mensch kennt seinen Standort und entscheidet souverän, welchen Weg er gehen will und welchen nicht.

Mit diesem Buch möchte ich Sie dabei unterstützen, Ihr souveränes Ich zu entdecken, und Sie dazu ermutigen, Ihren eigenen Weg zu gehen. Denn so zu sein, wie Sie sein möchten, und so zu leben, wie Sie es selbst für richtig halten, bringt in allen Lebensbereichen Zufriedenheit. Es stärkt zudem das Selbstbewusstsein und die persönliche Souveränität. Und es erfüllt das eigene Leben mit Sinn, wenn die persönlichen Werte und Überzeugungen die Richtschnur des eigenen Handelns sind.

Der Weg zum souveränen Ich setzt vor allem Ehrlichkeit zu sich selbst voraus, sogar eine radikale Ehrlichkeit. Wer sich etwas vormacht und sich selbst immer wieder täuscht, verstellt sich den Weg zu sich selbst. Und an einem kommen wir alle nicht vorbei: Mit uns selbst müssen wir gut auskommen. Und dafür müssen wir das eigene Ich besser kennenlernen.

Aus diesem Grund endet jedes Kapitel dieses Buches mit einigen Reflexionsfragen. Bitte nehmen Sie sich die Zeit, die Fragen aufmerksam zu lesen und sie für sich selbst und dabei vollkommen ehrlich zu beantworten. Einige dieser Fragen regen Sie zum Nachdenken an, andere erscheinen Ihnen auf den ersten Blick sehr leicht zu beantworten. Oft sind es jedoch gerade diese einfach klingenden Fragen, auf die es am schwierigsten ist, eine ehrliche Antwort zu finden – und diese Antwort dann in die Tat umzusetzen.

Ich möchte Sie nicht belehren, sondern zunächst zur Reflexion und schließlich zu Handlungen ermutigen. Denn die beste Erkenntnis nützt wenig, wenn darauf keine Handlungen folgen. Tatsächlich können wir viele Taten sofort, ohne große Vorbereitung und ohne langes Zögern umsetzen. Das anfangs erwähnte Experiment ist dafür das beste Beispiel. Es gibt einfach nichts, was dagegen sprechen könnte, es auszuprobieren und – wenigstens im Kleinen – Neues in das eigene Leben zu lassen. Was wir uns vornehmen, all unsere Pläne, unsere großen und kleinen Ziele führen zu nichts, wenn wir nicht tatsächlich handeln.

Deshalb finden Sie in diesem Buch auch keine großen Theorien oder Konzepte, sondern viele Anregungen, die Sie nutzen können, um sich selbst besser kennenzulernen und die Erkenntnisse in die Tat umzusetzen. Ich bin überzeugt davon, dass es jedem Menschen, der es wirklich will, gelingen kann, dem eigenen Ich mehr Raum zu geben, seine souveräne Persönlichkeit zu entfalten und frei, unabhängig und selbstbestimmt zu leben. Genau darum geht es mir in diesem Buch.

Viele spannende Erkenntnisse auf dem Weg zu Ihrem souveränen Ich wünscht Ihnen

Ihr

Stéphane Etrillard

1. Frei und unabhängig leben

Glücklicherweise haben wir das Privileg, in einer an Freiheit orientierten Gesellschaft zu leben. Wir können uns ungehindert bewegen und werden in unseren Entscheidungen und unserem Handeln nicht eingeschränkt oder unterdrückt. Wir sind unabhängig und können unser Leben so führen, wie wir es für richtig halten. Wir haben die Freiheit, das zu tun, was wir tun möchten, solange wir gegen keine Gesetze verstoßen und niemand anderen durch unser Handeln beeinträchtigen.

Freiheit und Unabhängigkeit sind jedoch weit mehr als bedeutungsvolle Schlagworte im gesellschaftlichen Diskurs. Sie sind essenziell für jeden Einzelnen – und das auch auf persönlicher Ebene. Denn wer frei und unabhängig lebt, kann dem eigenen Ich Raum geben, um sich zu entfalten und Souveränität zu entwickeln. Doch dafür kommt es darauf an, von dieser Freiheit tatsächlich Gebrauch zu machen.

Gehören Sie noch sich selbst?

Obwohl Freiheit und Unabhängigkeit Grundpfeiler unserer Gesellschaft sind, haben viele Menschen das Gefühl, im gewöhnlichen Alltag alles andere als frei zu sein. Ständig sind Verpflichtungen einzuhalten, Handlungsmöglichkeiten sind durch Zwänge und Abhängigkeiten eingeschränkt, der gesamte Tagesablauf ist durchgetaktet, immer wieder beanspruchen andere Menschen die eigene Zeit und Energie. – Einfach das tun, was man tun möchte? Das scheint im Alltag oft unmöglich. Ein Satz, den einer meiner Seminarteilnehmer einmal zu mir sagte, umschreibt diesen Zustand sehr treffend: „Ich habe das Gefühl, mir selbst nicht zu gehören."

Scheinbar unendlich viele Verpflichtungen und Erwartungen

Es ist kaum verwunderlich, wenn Menschen im Alltagstrott manchmal den Bezug zu sich selbst verlieren. Von vielen Seiten werden Anforderungen der unterschiedlichsten Art und Weise an sie gestellt. Da ist auf der einen Seite der Beruf, der mit vielen Notwendigkeiten und Verpflichtungen einhergeht, die erfüllt werden sollen. Auf der anderen Seite gibt es das soziale Umfeld, die Familie, Freunde, Partner, die berechtigterweise Ansprüche und Erwartungen haben. Und auch in der Freizeit haben wir häufig gar keine *Frei*-Zeit, sondern sind durch Hobbys, Vereinstätigkeit, Verabredungen oder Ähnliches wieder in Strukturen eingebunden, die unsere Handlungsfreiheiten begrenzen. Hinzu kommen behördliche Vorschriften und Pflichten wie zum Beispiel das unvermeidliche Abgeben einer Steuererklärung oder der regelmäßige Termin beim TÜV. Und dann gibt es noch Trends und Entwicklungen, die wiederum Erwartungen an uns stellen, wie zum Beispiel gesunde Ernährung, Sport, Aktivitäten in sozialen Medien, permanente Erreichbarkeit, Mobilität, Flexibilität ... Das alles wird zusätzlich von uns erwartet, ohne dass wir genau wissen, wer überhaupt diese Erwartungen an uns stellt.

> **»** *Im Alltag bekommt das eigene Ich oft wenig Raum, weil Verpflichtungen und Erwartungen anderer das Leben bestimmen.*

All diese Instanzen mit ihren unterschiedlichen Erwartungen, Verpflichtungen und Anforderungen bestimmen mehr oder weniger unser Leben. Sie beeinflussen, was wir tun und was wir nicht tun, setzen Begrenzungen und legen Räume fest, innerhalb deren wir uns bewegen. Da kann es durchaus schwerfallen, die Souveränität über sich selbst zu behalten und dem eigenen Ich genügend Raum zu geben.

Es sind nicht nur äußere Zwänge, die uns einschränken

Interessanterweise sind etliche dieser Verpflichtungen und Einschränkungen selbstauferlegt, zum großen Teil deshalb, weil wir glauben, bestimmte Erwartungen erfüllen zu müssen, und weil wir Erwartungen teils auch erfüllen *wollen*, um dafür in unserem Umfeld Anerkennung zu erhalten und akzeptiert zu werden. Wir befürchten Sanktionen, Konflikte oder Ausgrenzung, wenn wir Erwartungen nicht entsprechen, Pflichten nicht erfüllen und uns außerhalb von etablierten Strukturen und Normen bewegen.

Für manche Geschäftsleute gehört zum Beispiel ein übervoller Terminkalender einfach dazu, wenn man erfolgreich, wichtig und einflussreich sein will. Keine Zeit zu haben, immer unter Strom zu stehen und bis ans Limit zu gehen, dafür glauben sie Anerkennung zu bekommen. Und sie fürchten, als Geschäftsleute nicht ernst genommen zu werden, wenn sie dieser Vorstellung nicht entsprechen. Oder nehmen wir Eltern, die ihre eigenen Bedürfnisse grundsätzlich den Bedürfnissen der Kinder unterordnen, weil gute Eltern das nun einmal so machen. Eltern hingegen, die zum Beispiel ihre Kinder auch an einem freien Tag nicht in die Kita bringen, um eigenen Bedürfnissen und Wünschen nachgehen zu können, sind in dieser Vorstellungswelt Rabeneltern. Und wer will schon als Rabenmutter oder Rabenvater gelten?

» *Viele Verpflichtungen und Einschränkungen sind selbstauferlegt.*

Manche Menschen möchten auch einfach nichts verpassen. Sie wollen nämlich dazugehören, sich in eine Gemeinschaft einfügen und teilhaben an dem, was die anderen tun und was aktuell geschieht. Und wenn sie bestimmte Moden oder Trends, die im eigenen Umfeld gerade aktuell sind, nicht mitmachen, könnte es eben sein, dass sie vielleicht nicht mehr richtig dazugehören.

Das Selbst wird in den Hintergrund gedrängt

Das alles spielt sich zudem häufig im Unbewussten ab und wird deshalb auch nicht hinterfragt oder reflektiert. Doch wer sich unreflektiert solchen (fremden) Vorstellungen und Erwartungshaltungen unterwirft, wird sich mit der Zeit von sich selbst entfernen und das eigene Ich womöglich aus dem Blick verlieren. Doch so eine Selbstentfremdung kann nicht lange gutgehen. Die eigenen Bedürfnisse und inneren Überzeugungen zu vernachlässigen, führt früher oder später zu Unzufriedenheit und inneren Konflikten. Denn das, was einem selbst im Leben wichtig ist, kommt zu wenig zum Tragen. Das Leben erfüllt sich nicht mit Sinn und Freude, weil es gar nicht *mein* Leben ist, das ich führe. Es ist kein selbstbestimmtes Leben, sondern ein fremdbestimmtes.

Chef bleiben im eigenen Leben

Als Coach habe ich schon mehr als einmal hochrangige Führungskräfte betreut, die nicht mehr sich selbst gehörten, die kaum noch Einfluss auf ihr eigenes Leben hatten. Sie hatten keine Minute mehr für sich, ihre Assistenten hatten ihre gesamte Zeit verplant, schon ab dem frühen Morgen bis in die späten Abendstunden. Der Tag war vollgepackt mit Verpflichtungen, im Viertelstundentakt reihten sich die Termine aneinander. Tag für Tag.

Diese Menschen verloren mit der Zeit den Kontakt zu ihrer Familie, zu ihrem gesamten privaten Umfeld und zu sich selbst. Sie waren überall nur noch abwesend. Sie konnten über nichts mehr selbst bestimmen. Alles musste sich dem Takt der Arbeit unterordnen. Und obwohl sie beruflich extrem erfolgreich waren und in ihrer Führungsposition teils ungeheure Entscheidungsgewalt hatten, waren sie in höchstem Maße unzufrieden und hatten das Gefühl, ein sinnentleertes Leben zu führen.

Aus der Arbeit mit diesen Menschen habe ich auch meine eigenen Konsequenzen gezogen und schon vor Jahren damit angefangen, mir bewusst Freiräume und Entscheidungsmöglichkeiten offenzuhalten. Verpflichtungen und Zwänge sollen in meinem Leben

nicht die Oberhand gewinnen, ich will der Chef blei-
ben in meinem eigenen Leben.

Wenn das Selbst zum Spielball der Umstände und der Anforderungen wird, die andere an diesen Menschen stellen,
kann es sich nicht entfalten. Es ist eingeschnürt und unfrei
in seinen Entscheidungen und Handlungen. Das authentische Selbst wird in den Hintergrund gedrängt und ist oft
nur schemenhaft erkennbar. – Konkret zeigt sich dies zum
Beispiel darin, dass eine Person sehr unzufrieden ist, ohne
genau zu wissen, warum. Oder sie hat das Gefühl, nicht so
richtig zu wissen, wohin ihr eigenes Leben steuern soll, was
sie mit ihrem Leben anfangen will. Auch Verunsicherungen
und Sprunghaftigkeit können Anzeichen für eine Selbstentfremdung sein, weil das Selbst(-Bewusstsein) als innerer
Kompass und stabile Basis fehlen.

» *Wenn wir unsere Unfreiheit nicht erkennen, erkennen wir auch unsere mögliche Freiheit nicht.*

Außerdem schränken wir uns selbst in unseren Möglichkeiten ein. Denn je größer diese Selbstentfremdung wird und je
mehr wir getrieben sind von äußeren Umständen und (vermeintlichen) Erwartungen anderer, umso schwieriger wird
es, diese Selbstbeschränkungen und ihre Ursachen zu durchschauen. Das führt dazu, dass wir uns unfrei fühlen, obwohl
wir frei wären, wenn wir von den Freiheiten nur Gebrauch
machen würden. Wir denken, wir können etwas nicht tun.
Dabei bräuchten wir uns nur zu vergegenwärtigen, was uns
davon abhält. Dann würden wir sehen, dass wir durchaus
die Freiheit dazu haben, es zu tun. Wir nutzen sie nur nicht.

Reflexionsfragen

- Haben Sie das Gefühl, Ihren Alltag frei und unabhängig gestalten zu können?
- Wo stoßen Sie an Grenzen, die durch Verpflichtungen oder Einschränkungen gesetzt werden?
- Haben Sie Freiräume in Ihrem Leben, über die nur Sie selbst bestimmen? Womit möchten Sie diese Freiräume füllen?
- Wie wichtig ist Ihnen das, was andere von Ihnen erwarten?
- Diese Erwartungen anderer – sind sie real und klar ausgesprochen oder glauben Sie nur, dass diese Erwartungen an Sie gestellt werden?
- Welche Erwartungen stellen Sie selbst an Menschen in Ihrem Umfeld?
- Gehören Sie wirklich sich selbst?

Nutzen Sie Ihre Freiheiten!

Der Eindruck, dass das eigene Leben von Einschränkungen und Abhängigkeiten bestimmt wird, ist letztlich fatal. Denn er verstellt den Blick auf das, was möglich ist, und führt dazu, dass viele Menschen von ihrer Freiheit keinen Gebrauch machen. Dabei haben wir in der Regel viel mehr Freiheiten, als wir denken. Es kommt jedoch darauf an, diese zu erkennen und tatsächlich zu nutzen. Zwar ist kaum ein Mensch so konsequent, in allen Lebensbereichen immer frei und unabhängig zu agieren. Doch zu viele Menschen schränken sich selbst in zu vielen Bereichen ein, weil sie denken, sie hätten keine Wahl. Einige Beispiele:

- Menschen bleiben, obwohl sie die Freiheit hätten zu gehen. Statt eine belastende Situation zu beenden – zum Beispiel eine nicht mehr funktionierende Beziehung, eine unbefriedigende Anstellung oder auch nur ein enttäuschendes Urlaubsdomizil –, nehmen sie diese Situation als unveränderlich hin.

- Obwohl sie die Freiheit zu einem beruflichen Neuanfang hätten, führen sie ihren alten Beruf, der ihnen schon lange keine Freude mehr bereitet, weiter fort.
- Anstatt sich den Wunsch nach einem schöneren Wohnort zu erfüllen, erwägen sie einen Umzug gar nicht erst, weil sie glauben, das ginge sowieso nicht. Dabei hätten sie die Freiheit, es zu tun.
- Menschen haben die Freiheit, sich persönlich weiterzuentwickeln und ihre Potenziale zu entfalten. Dennoch geben sie sich häufig mit dem Istzustand zufrieden.
- Menschen fügen sich den Erwartungen ihres Umfeldes, ohne die Freiheit zu nutzen, diese Erwartungen zu hinterfragen und ihnen gegebenenfalls nicht zu entsprechen.
- „So haben wir das schon immer gemacht." Ein Satz, der – ausgesprochen oder nur als Gedanke – große Wirkung hat und Menschen immer wieder davon abhält, neue Wege zu suchen und Freiheiten zu ergreifen.
- Das eigene Leben komplett umzukrempeln erscheint Menschen unmöglich, obwohl sie frei wären, ein neues Leben zu beginnen.

Viele Menschen, die sich in Situationen wie diesen befinden, nehmen gar nicht (mehr) bewusst wahr, welche Möglichkeiten ihnen offenstehen und welchen veränderbaren Einschränkungen sie unterliegen. Deshalb ist es so wichtig, über die persönlichen Freiheiten und deren Einschränkungen bewusst zu reflektieren, um sich Klarheit darüber zu verschaffen und Freiheiten überhaupt wieder als solche erkennen zu können.

Reflektieren und hinterfragen

Die Reflexion und das Hinterfragen sind die ersten Schritte, um die eigenen Freiheiten mehr zu nutzen. Vergegenwärtigen Sie sich dafür bewusst, an welchen Stellen Sie vor Schranken stehenbleiben und sich in Abhängigkeiten verhaftet fühlen. Führen Sie sich vor Augen, welche Möglichkeiten und Freiheiten Ihnen an diesen Stellen (zumindest theoretisch) zur Verfügung stünden, wenn es diese Begrenzungen nicht gäbe. – Und dann fragen Sie sich: Wer hat diese Grenzen gesetzt? Sind sie tatsächlich unveränderbar? Kann ich sie selbst verändern? Will ich eine Veränderung? Wenn ja: Was hält mich davon ab?

» *Die Reflexion und das Hinterfragen sind die ersten Schritte, um die eigenen Freiheiten mehr zu nutzen.*

Mit Fragen wie diesen helfen Sie sich selbst dabei, erstens Ihre eigenen Freiheiten zu erkennen und zweitens zu durchschauen, warum Sie diese Freiheiten nicht nutzen. Beide Punkte sind wichtige Voraussetzungen, um dann drittens den Weg zu ebnen für ein freies und unabhängiges Leben.

Warum Menschen ihre Freiheit so oft nicht nutzen

Die Gründe dafür, warum Menschen ihre persönliche Freiheit nicht nutzen, sind sehr vielfältig und individuell verschieden. Es gibt jedoch einige übergreifende Aspekte, die in Reflexionsprozessen immer wieder sichtbar werden.

Ein erster Punkt, den ich bei Klienten mehrfach beobachtet und durchaus schon an mir selbst erlebt habe, ist die schiere Überforderung angesichts der vielen zur Verfügung stehenden Optionen. Wer einmal erkannt hat, dass er die Freiheit hat, zu tun, was er tun möchte, steht direkt vor der nächsten Hürde, nämlich vor der Frage: Was möchte ich denn überhaupt tun? Auch bei konkreten Wünschen oder Absichten gibt es häufig mehrere Alternativen und es passiert sehr schnell, dass man plötzlich vor scheinbar unendlich vielen Möglichkeiten steht – und sich nicht entscheiden kann. Im schlechtesten Falle, zum Beispiel, wenn es an Entscheidungsfähigkeit und Durchhaltevermögen fehlt, bleibt dann alles beim Alten. Und die zwar erkannte, jedoch schwer in die Tat umzusetzende Freiheit wird weiterhin nicht genutzt.

» *Wenn die Freiheit sichtbar wird, stellt sich die Frage: Wie nutze ich sie?*

Überprüfen Sie, ob Sie Schwierigkeiten haben, sich unter vielen Möglichkeiten zu entscheiden. Wissen Sie beispielsweise manchmal nicht, welche Entscheidung im Beruf die wirklich beste ist? Oder sind Sie schon bei den vielen alltäglichen Fragen hin- und hergerissen? Wenn das der Fall ist, trainieren Sie Ihre Entscheidungsfähigkeit. Machen Sie sich bewusst, dass das unendliche Ausloten von immer mehr Optionen Sie einer Entscheidung nicht näherbringt. Finden Sie die Option, die für Sie die richtige ist, und verabschieden Sie sich von dem Gedanken, dass es bestimmt noch eine bessere Möglichkeit gibt, wenn Sie nur lange genug danach suchen. Dann endet Ihre Suche nämlich nie. Lernen Sie, eine Entscheidung zu treffen und mit dieser Entscheidung zu leben. Freuen Sie sich an dem, was Sie erreicht haben. Hadern Sie nicht mit dem, was eventuell auch hätte möglich sein können. – Und wenn es die falsche Entscheidung war? Dann finden Sie einen Weg, um Ihren Fehler zu korrigieren! Bis auf wenige Dinge im Leben ist nichts endgültig. Sie haben es doch selbst in der Hand, wie es weitergeht.

Ein zweiter Punkt betrifft die Erwartungen, die von verschiedenen Seiten an uns herangetragen werden und die wir nicht enttäuschen wollen. Die Menschen im privaten Umfeld wollen, dass wir Zeit und Energie für sie haben – gleichzeitig verlangt uns der Beruf schon viel ab, sodass wir in der Freizeit am liebsten etwas Ruhe hätten. Wir sind mit einer Vielzahl von Erwartungen konfrontiert, sodass es kaum möglich erscheint, alles unter einen Hut zu bekommen. Wenn wir ihnen nicht gerecht werden, sind Menschen womöglich von uns enttäuscht, es gibt Konflikte oder wir werden aus bestimmten Gemeinschaften ausgeschlossen. Solche und ähnliche Befürchtungen hegen viele Menschen, wenn sie erkennen, dass die vielen Erwartungen ihre Freiheit einschränken. – Was mir in diesem Zusammenhang jedoch immer wieder auffällt: In vielen Fällen wird zwischen den Beteiligten nie über diese Erwartungen geredet. Sie werden nie konkret ausgesprochen. Menschen *glauben* häufig nur, dass bestimmte Erwartungen an sie gestellt werden. Ob das jedoch tatsächlich der Fall ist, bleibt ungeklärt. Ich bin deshalb überzeugt, dass sich ein Großteil der Erwartungen, die uns vermeintlich einschränken, in Luft auflösen würde, sobald wir mit unserem Gegenüber darüber sprechen würden, was es tatsächlich von uns erwartet. – Ich kann Ihnen deshalb nur raten: Reden Sie mit den Menschen, deren Erwartungen Sie sich verpflichtet fühlen. Fragen Sie Ihr Gegenüber, was es tatsächlich von Ihnen erwartet. Dabei können Sie durch Überraschungen erleben. Mir ist beispielsweise ein Ehepaar bekannt, bei dem der Mann jahrelang überzeugt war, seine Frau erwarte von ihm, dass sie häufig gemeinsam ins Theater gehen. Der Mann war beruflich sehr eingespannt, hatte sich allerdings bemüht, sich ständig auf dem Laufenden zu halten, welche Stücke in der Stadt gezeigt wurden und kaufte entsprechend häufig Karten. Erst nach Jahren, als der Mann seiner Frau sagte, dass er während der kommenden Wochen leider überhaupt keine Zeit haben würde, stellte sich heraus, dass es der Frau selbst schon etwas zu viel wurde mit den häufigen Theaterbesuchen. Sie ging zwar gerne in Theater, doch zwei-, dreimal im Jahr würden ihr vollkommen ausreichen. Erst nach dieser zufälligen Aussprache war der Erwartungsdruck weg, was übrigens den schönen Nebeneffekt hatte, dass sie beide sich nun auf die Theaterbesuche freuten, die zwar seltener geworden waren, jedoch von nun an genau dann stattfanden, wenn beide Lust darauf hatten.

Mindestens genauso wichtig wie über die Erwartungen von anderen zu sprechen ist übrigens: Sprechen Sie selbst über Ihre Erwartungen, die Sie an andere haben! – Nur so haben Sie zum einen die Möglichkeit abzuklären, ob es überhaupt irgendwelche Erwartungen gibt. Zum anderen können Sie nur so über die bestehenden Erwartungen sprechen und klären, ob sie erfüllt werden können. Ich verspreche Ihnen, Gespräche über gegenseitige Erwartungen gehören zu den aufschlussreichsten und auch überraschendsten, die man führen kann.

Als dritten übergreifenden Aspekt erlebe ich immer wieder, dass Menschen Veränderungen scheuen, weil ihnen die damit verbundenen Verunsicherungen Angst machen. Das kann eine berufliche Neuorientierung sein, eine Veränderung im Privatleben, ein Wechsel des Wohnortes oder auch ganz alltägliche Neuerungen betreffen. Das ist nun kaum etwas, das man jemandem vorwerfen kann, denn selbstverständlich verunsichern uns Veränderungen und Verunsicherung ist etwas, das jeder lieber vermeiden möchte. Das Gewohnte und Bestehende gibt hingegen Sicherheit, die man nicht leichtfertig aufgibt. Nicht wenige Menschen glauben, sich den Unsicherheiten, die mit Veränderungen meist einhergehen, nicht stellen zu können und verzichten deshalb auf die Möglichkeit, die eigene Freiheit zu nutzen und ihr Ich weiterzuentwickeln. – Sich für Veränderungen zu öffnen, ist kein Kinderspiel. Im Gegenteil: Für viele Menschen ist es große Herausforderung. Deshalb habe ich diesem Thema etwas später im Buch ein eigenes Kapitel gewidmet.

>> *Wer Freiheiten ergreifen will, darf Veränderungen nicht scheuen.*

Diese drei Aspekte beantworten selbstverständlich nicht vollumfänglich die Frage, warum Menschen ihre persönliche Freiheit so oft nicht nutzen. Sie geben jedoch einen guten Einblick in die Zusammenhänge und Hintergründe, die diese Frage begleiten. Nutzen Sie diesen Einblick, um sich über Ihre individuellen Hemmnisse Klarheit zu verschaffen und herauszufinden, was Sie tun können, um Ihre Freiheiten besser zu nutzen.

Klein anfangen, um Großes zu erreichen

Wer von seiner Freiheit Gebrauch machen möchte, braucht nicht den einen großen Befreiungsschlag zu vollführen, der alle Grenzen mit einem Mal niederreißt. Auch hier gilt wie in so vielen Dingen, dass es oft die kleinen Schritte sind, die zum Ziel führen. Denn unsere persönliche Freiheit ist zu einem großen Teil die Summe der vielen kleinen alltäglichen Freiheiten, die wir nutzen.

Fangen Sie also ruhig klein an und gehen Sie Schritt für Schritt voran, um sich Ihre Freiheiten (zurück) zu erobern. Reden Sie zum Beispiel für den Anfang mit engen Vertrauten über das Thema Erwartungen. Klären Sie, welche Erwartungen Sie gegenseitig haben und wie Sie jeweils auf nicht erfüllte Erwartungen reagieren würden. Oder wenn ein beruflicher Neuanfang anfangs noch ein zu großer Schritt ist, nutzen Sie beispielsweise zunächst die Möglichkeit, Ihr berufliches Tätigkeitsfeld zu erweitern oder schrittweise zu verschieben. – Finden Sie für sich selbst heraus, welche kleinen alltäglichen Freiheiten Ihnen das Leben verschönern können. Und dann fangen Sie genau damit an.

*Meine persönliche Befreiung von
der digitalen Abhängigkeit*

Vor einiger Zeit machte ich eine interessante Erfahrung, die mir wieder etwas mehr Klarheit über mich selbst verschaffte. Es war eine alltägliche Situation: Ich musste schnell zur Post fahren, um ein Paket abzuholen, das sonst zurückgegangen wäre. Ich war spät dran und vergaß in der Hektik, mein Handy mitzunehmen. Als mir das vergessene Handy auffiel, war ich schon unterwegs, und wegen der knappen Zeit wollte ich nicht noch einmal zurück, um es zu holen.

Nachdem ich nun das Paket abgeholt hatte, versperrte mir eine Demonstration in Berlin den Rückweg nach Hause. Ich änderte deshalb meine Pläne und erledigte direkt all meine anderen geplanten Besorgungen. Ich hatte zwischendurch sogar Zeit, ein köstliches Eis in einer Eisdiele zu genießen, die mir einmal empfohlen worden war. Ich war insgesamt fast vier Stunden unterwegs, schaffte alle meine Besorgungen, hatte viel Zeit für mich und darüber hinaus die Erfahrung gemacht, dass es anscheinend durchaus möglich ist, für eine längere Zeit ohne Handy auszukommen und nicht sofort für jedermann erreichbar zu sein.

Aus Versehen hatte ich mir an diesem Tag ein Stück Freiheit zurückerobert. Inzwischen wiederhole ich das immer einmal wieder ganz absichtlich. Ein Wo-

chenende, ohne für alle erreichbar zu sein, ein Arbeitstag ohne Internet und E-Mails, ein Spaziergang ohne Smartphone. Das ist mein Weg, mich von der digitalen Technik nicht gefangen nehmen zu lassen.

Zwei Anregungen für mehr digitale Unabhängigkeit

1. Schalten Sie beim Arbeiten einmal für einen Tag Ihr Handy und Ihr E-Mail-Programm ab und nehmen Sie sich am Ende des Arbeitstages eine Stunde Zeit, um Nachrichten zu lesen und zu beantworten. Vergleichen Sie Ihre Produktivität zu anderen Tagen, an denen Sie sich von Handynachrichten und E-Mails immer wieder unterbrechen lassen. – Sind Sie auch viel produktiver ohne digitale Ablenkungen? Ich bin es.

2. Suchen Sie sich bewusst Gelegenheiten, bei denen Sie ohne Smartphone aus dem Haus gehen. Beobachten Sie sich selbst, wie Sie diese handyfreie Zeit nutzen. Gute Gelegenheiten sind zum Beispiel, wenn Sie joggen oder kurz einkaufen gehen, die Kinder von der Schule abholen oder mit dem Hund einen langen Spaziergang machen. – Achten Sie ohne Handy auch wieder mehr auf das, was Sie umgibt, und auf die Menschen, die Ihnen begegnen? Ich tue es.

Reflexionsfragen

- Welche Wünsche oder Vorhaben haben Sie nicht umgesetzt, weil Sie das Gefühl hatten, die Freiheit dazu nicht zu haben?
- Welche Grenzen setzen Sie sich selbst?
- Welche Abhängigkeiten schränken Sie ein?
- Warum tun Sie nichts gegen diese Abhängigkeiten?
- Sehen Sie die Möglichkeiten, die vor Ihnen liegen, oder sehen Sie nur das, was Sie begrenzt und einschränkt?
- Wie blicken Sie auf anstehende Veränderungen?
- Welche großen und kleinen Freiheiten sind Ihnen besonders wichtig?
- Mit welchen konkreten Schritten fangen Sie an, um diese Freiheiten zu nutzen?

2. Ich weiß, wer ich bin

Sie kennen sicherlich diese typische Filmszene: Jemand wird, beispielsweise von einem Therapeuten oder einer Art spirituellem Lehrer, recht provokativ gefragt „Wer bist du?" und dann werden alle Antworten streng zurückwiesen, weil sie immer eine Definition des Ichs *mithilfe von etwas anderem* formulieren. Also zum Beispiel „Ich bin ein Arzt aus New York ..." (Beruf) oder „Ich bin ein Vater von drei Kindern ..." (Funktion als Vater) oder „Ich bin eine Frau, die ..." (Geschlecht) usw. – Bei solchen Filmszenen fange ich immer an, mich zu ärgern, weil nie aufgelöst wird, welche Antwort vom Gegenüber akzeptiert worden wäre oder ob es überhaupt eine solche Antwort hätte geben können. Klar ist nur, dass alle Antworten, die einem selbst in so einer Situation einfallen würden, ebenfalls zurückgewiesen werden würden.

Dennoch ist das Suchen nach einer Antwort auf die Frage „Wer bin ich?" selbstverständlich überaus wichtig und spannend. Man braucht eine Vorstellung davon, was das eigene Ich ausmacht, also wer man selbst ist, wenn man dem Ich Raum geben und seine Souveränität entfalten will. Deshalb beschäftigt mich diese Frage seit vielen, vielen Jahren. Für mich persönlich bin ich hierbei inzwischen zu einer wichtigen Erkenntnis gelangt: Die Antwort auf die Frage „Wer bin ich?" ist meiner Ansicht nach kein ausformulierter Satz, den man sich irgendwann einmal zurechtlegt und dann immer parat hat. Sie ist vielmehr ein Gefühl, das sich tief im Inneren einstellt. Eine Gewissheit, sich selbst zu kennen, mit sich selbst vertraut zu sein und in den meisten Situationen im Einklang mit dem eigenen Ich zu agieren.

> **》** *Die Antwort auf „Wer bin ich?" ist kein Satz, den man sich einmal zurechtlegt und dann immer parat hat.*

Wenn mich jemand fragt „Wer bist du?", dann *weiß* ich, wer ich bin, es lässt sich nur nicht mit Worten ausdrücken. Ich habe ein starkes Gefühl der Gewissheit darüber, wie ich mich in bestimmten Situationen verhalte, worauf ich mich bei mir selbst verlassen kann, was mir Freude macht, worüber ich mich ärgere, was ich mir wünsche, wie ich auf Menschen und Ereignisse reagiere, was mir wichtig ist usw. Und all dies fügt sich zu einer Einheit, zu meinem souveränen Ich.

Dieses Gefühl, das eigene Selbst zu kennen und im Einklang mit ihm zu leben, stellt sich jedoch nicht von selbst ein. Dem geht meist ein langer Prozess voran, der mit der bewussten Selbstreflexion beginnt.

Einladung zur Selbstreflexion

Über das eigene Ich zu reflektieren, ist deshalb so wichtig, weil vieles, was das Selbst ausmacht, nicht offen zutage liegt, sondern erst ergründet werden will. Nicht wenige Dinge, die wir über uns selbst zu wissen glauben, sind oberflächliche Annahmen oder Fehlinterpretationen, richten sich nach fremden Denkmustern oder Vorurteilen, manchmal sind sie Wunschvorstellungen oder sie beruhen auf Verdrängung des Tatsächlichen, und hin und wieder sind sie sogar echte Lebenslügen. Außerdem haben wir uns viele Fragen zu unserem Selbst meist überhaupt noch nicht gestellt, sodass es etliche blinde Flecken in unserer Selbstwahrnehmung gibt.

Sich selbst (er)kennen und verstehen

Ziel der Selbstreflexion ist es daher, sich selbst zu (er)kennen und zu verstehen und zu diesem Zweck echte Einsichten über die wesentlichen Aspekte des Selbst zu erlangen. Dazu gehören zum Beispiel Charaktermerkmale, Talente, Stärken und Schwächen, persönliche Ambitionen, Wünsche, Vorlieben, Abneigungen, die eigene Gefühlswelt, das eigene Verhalten und Handeln, das Verhältnis zur Umwelt, zu den Mitmenschen, zu sich selbst und etliches mehr. Es ist gar nicht nötig, alle denkbaren Aspekte aufzuzählen, weil sich im Verlaufe einer Reflexion neue und weiterführende Fragen immer wieder ganz von selbst ergeben. Sie können einfach mit einer beliebigen Fragestellung anfangen und die Dynamik der Selbstreflexion wird Sie – dank der verzweigten und vernetzten Struktur Ihres Selbst – mit der Zeit von einem wichtigen Punkt zum nächsten führen.

Sie können sofort beginnen. Beobachten Sie sich in Ihrem Alltag und im Kontakt mit anderen Menschen. Nehmen Sie sich etwas Zeit und Ruhe und hinterfragen Sie Ihre Beobachtungen. Vergegenwärtigen Sie sich, was Sie wirklich denken und fühlen, was sie antreibt oder ausbremst, wer oder was sie beeinflusst, was Sie wollen oder was Ihnen fehlt.

Wichtig dabei: Machen Sie sich selbst nichts vor! Kein

Mensch hat nur gute Seiten, kein Mensch macht alles richtig, niemand ist frei von Schwächen und Unzulänglichkeiten. Die Selbstreflexion kann jedoch nur Früchte tragen, wenn Sie aufrichtig sind gegenüber sich selbst. Nur so kommen Sie zu echten Einsichten über Ihre Persönlichkeit und können Schlussfolgerungen daraus ziehen, die Sie weiterbringen.

Haben Sie noch Tagebücher aus Ihrer Jugend?

Haben Sie als Jugendlicher auch Tagebuch geführt und besitzen Sie noch einige Exemplare davon? – Hin und wieder nehme ich die Tagebücher aus meiner Jugend in die Hand und blättere ein wenig darin herum. Das allermeiste, was dort steht, ist furchtbar peinlich, weil es pubertärer Unfug ist. Doch eine Sache finde ich sehr spannend: Vieles, was ich als junger Mensch in meine Tagebücher geschrieben habe, kommt dem Vorgang der Selbstreflexion recht nahe. Natürlich handelt es sich dabei nicht um bewusstes Reflektieren. Dennoch sind Ansätze des Hinterfragens und der Selbstreflexion klar zu erkennen. – Und da ich in meiner Jugend in dieser Sache sicherlich keine Ausnahmeerscheinung war, gehe ich davon aus, dass es sich mit den meisten anderen Tagebüchern genauso verhält.

Schon das Aufschreiben von Gedanken führt dazu, dass man sich überhaupt einmal vergegenwärtigt, was einem so im Kopf herumschwirrt und einen selbst beschäftigt. Ständig mit sich selbst zu diskutieren, die pathetischen Fragen an sich und die Welt, das Rekapitulieren von Ereignissen oder auch das Fantasieren von dem, was möglich sein könnte, das sind letztlich alles Ansätze zur Selbstreflexion.

Und genau genommen ist das keine große Überraschung. Schließlich ist die Pubertät die Phase, in der sich Menschen von naiven Kindern zu (selbst)bewussten Persönlichkeiten entwickeln und dabei intensive Prozesse der Identitätsfindung durchlaufen. Sich mit dem eigenen Selbst auseinanderzusetzen gehört zwangsläufig dazu.

Die vielfältigen Einflüsse auf unser Denken, Fühlen und Handeln

Ein besonderes Augenmerk sollten Sie bei der Selbstreflexion auf die Frage richten: Wer oder was beeinflusst mich in meinem Denken, Fühlen und Handeln? Die äußeren Einflüsse, die auf uns wirken, sind vielfältig und teils extrem subtil. In vielen Situationen können wir auf den ersten Blick gar nicht sagen, ob eine Entscheidung oder ein Verhalten tatsächlich unabhängig vollzogen oder von äußeren Einflüssen bestimmt wurde. Wir denken, wir handeln frei und unabhängig, in Wirklichkeit jedoch leiten uns unterschiedlichste Einflüsse, Muster und Prägungen.

» *Fragen Sie sich gezielt: Wer oder was beeinflusst mich in meinem Denken, Fühlen und Handeln?*

Wir alle wünschen uns, zu einer Gemeinschaft dazuzugehören, und neigen deshalb zur Konformität, also dazu, uns den Menschen in unserer Umgebung anzupassen, und das selbst dann, wenn sie Dinge tun, die unseren eigenen Bedürfnissen vielleicht widersprechen. Bestimmte Denk- und Verhaltensweisen haben wir zum Beispiel schon in frühester

Kindheit verinnerlicht und sie gehören inzwischen so selbstverständlich zu unserem Leben, dass wir nicht mehr hinterfragen, ob sie ein authentischer Teil unseres Ichs sind oder ob sie vielleicht etwas Fremdes sind, das in Wirklichkeit im Widerspruch zu unserem Selbst steht. Unser soziales Umfeld prägt uns meist so sehr, dass wir unser Denken, Fühlen und Handeln danach ausrichten, was innerhalb unserer Gemeinschaft üblich ist. Auch hier prüfen wir häufig nicht, ob dieser Einfluss uns fremdbestimmt oder ob er zu uns passt.

So habe ich zum Beispiel eine Freundin, die erst im späteren Erwachsenenalter für sich entdeckt hat, wie gut es ihr tut, in den Bergen wandern zu gehen. Als sie aufwuchs, war es in ihrer Familie und ihrem Freundeskreis selbstverständlich, dass Urlaub immer am Wasser stattfindet und ein Strand-, Paddel- oder Segelurlaub ist. Ihr kam es daher überhaupt nicht in den Sinn, dass sie auch woanders Erholung finden könnte. Erst ein Besuch bei Schweizer Freunden, die sie neu kennengelernt hatte, ließ sie erleben, wie großartig hohe Gipfel und die klare Sicht in die Ferne auf sie wirken. Seitdem gehören ein oder zwei Bergtouren pro Jahr zu ihrem Leben einfach dazu und jedes Mal kommt sie absolut begeistert davon zurück.

Einflüsse erkennen und hinterfragen

Ist dieses Beispiel eher banal, gibt es durchaus gravierende Fälle, in denen äußere Einflüsse das Leben eines Menschen zu dessen Ungunsten prägen und darin nachhaltig negativ wirken. Einige Beispiele: Jemand hat aufgrund einer Familientradition die falsche Berufswahl getroffen und übt nun einen Beruf aus, der ihm nicht liegt, keine Freude macht und in dem er seine Potenziale nicht entfalten kann. Jemand trifft grundlegende Entscheidungen über die eigene Lebensführung, die zwar den allgemeinen Wertvorstellungen folgen, jedoch nicht den eigenen inneren Überzeugungen; in der Folge lebt er mit Entscheidungen, die seinem Selbst widerstreben. Jemand erfüllt sich seine persönlichen Wünsche nicht, weil sie die (vermeintlichen) Erwartungshaltungen anderer enttäuschen würden. Jemand lebt mit verdrängten Gefühlen, weil es vom sozialen Umfeld nicht akzeptiert werden würde, wenn er sie auslebt.

Die Auswirkungen von Fremdbestimmungen dieser Art können folgenreich sein, da diese Widersprüchlichkeiten zwischen dem Selbst und den äußeren Einflüssen sehr oft die elementaren Fragen des Lebens betreffen: Wie will ich leben? Was sind meine inneren Überzeugungen und Wertvorstellungen? Was will ich in meinem Leben erreichen? Was ist mir wichtig? – Nur wenn die Antworten auf Fragen wie diese im Einklang stehen mit dem eigenen Selbst, können wir ein selbstbestimmtes und harmonisches Leben führen und unserem Ich den Raum geben, den es für seine Entfaltung braucht.

» *Äußere Einflüsse sind nicht per se schlecht. Wichtig ist jedoch, dass wir sie als solche erkennen.*

Damit es kein Missverständnis gibt: Äußere Einflüsse sind nicht per se etwas Schlechtes und in vielen Fällen funktioniert unser Leben sehr gut, wenn wir bestimmte Einflüsse aufnehmen. Sie können uns weiterbringen, inspirieren, unser Leben bereichern. Entscheidend ist jedoch, dass wir erkennen, ob und wodurch wir beeinflusst werden. Denn nur so können wir hinterfragen, ob diese Einflüsse gut für uns sind oder nicht. Und erst dann liegt es in unserer Hand, selbstbestimmt zu entscheiden: Nehme ich diesen Einfluss auf, weil er zu meinem Selbst passt und die Entfaltung meines Selbst nicht behindert? Oder ist dieser Einfluss etwas, was meinem Ich fremd ist und mich in meiner Freiheit und Unabhängigkeit einschränkt?

Reflexionsfragen

- Haben Sie sich schon einmal gefragt, wer Sie sind?
- Wie wollen Sie mit Ihrer Selbstreflexion beginnen?
- Welche äußeren Einflüsse auf Ihr Denken, Fühlen und Handeln haben Sie bereits erkannt? Welche Konsequenzen haben Sie aus dieser Erkenntnis gezogen?
- Welche Möglichkeiten haben Sie rückblickend versäumt, weil diese sich gar nicht in Ihrem Blickfeld befanden? Wodurch wurde Ihnen dabei das Blickfeld verstellt?
- Welche äußeren Einflüsse erleben Sie als Bereicherung? Welche als Einschränkung?

Das Bewusstsein von der eigenen Identität

Je weiter der Prozess der Selbstreflexion voranschreitet, umso klarer wird das Bewusstsein über die eigene Identität. Die Entwicklung dieses Bewusstseins ist der entscheidende Schritt auf dem Weg zum souveränen Ich. Denn wer sich der eigenen Identität bewusst ist, hat die Grundvoraussetzung dafür geschaffen, die Entfaltung der eigenen Persönlichkeit aktiv zu gestalten.

Die innere Einheit der Person

In der Psychologie beschreibt der Begriff Identität die als Selbst erlebte innere Einheit der Person. Die Identität lässt uns begreifen, wer wir sind und wo wir im Verhältnis zu unserer Umwelt und unseren Mitmenschen stehen. Und die Auffassungen, die wir darüber haben, bestimmen unser Denken, Entscheiden und Handeln, da wir möglichst im Einklang mit unserem Inneren agieren.

Diese innere Einheit setzt sich zusammen aus unterschiedlichsten Bestandteilen und Merkmalen unserer Persönlichkeit, die sich wechselseitig aufeinander beziehen und sich gegenseitig beeinflussen. Sie beinhaltet die Überzeugungen und persönlichen Charaktereigenschaften, aufgrund deren wir uns von anderen Menschen unterscheiden und als Individuum erkennen. Als Ganzes bilden sie ein stabiles Geflecht aus Bezügen und Zusammenhängen, das Menschen Halt und Orientierung geben kann. Denn diese innere Einheit bewusst wahrzunehmen, macht es leichter zu erkennen, ob beispielsweise eine Entscheidung im Einklang mit der eigenen Identität steht oder ob die Ansichten und Vorstellungen anderer Menschen mit dem Selbst harmonieren. Die vielen äußeren Einflüsse, aber auch die eigenen Gedanken und Gefühle lassen sich so besser einordnen, verstehen und bewerten. Auf diese Weise ist es möglich, positive und fördernde Einflüsse zu erkennen und damit das eigene Ich zu bereichern. Die eigene Identität wird zum wichtigen Anhalts- und Orientierungspunkt in unserer nahezu unüberschaubaren und sich ständig ändernden Welt.

» *Je klarer Menschen ihre Identität und die Einflüsse darauf sehen, umso bewusster können sie ihr Ich gestalten.*

Je klarer sie ihre Identität und die Einflüsse darauf sehen, umso bewusster wird den Menschen, wer sie sind und wer sie sein wollen. Wenn Sie erkennen, was und welche prägenden Wegmarken Ihres Lebens Sie zu dem Menschen gemacht haben, der Sie heute sind, entwickeln Sie ein tieferes Bewusstsein über Ihre Identität. Und dann haben sie auch die Möglichkeit, ihr Ich selbstbestimmt zu gestalten. Alles, was sich unserem Bewusstsein entzieht, können wir auch nicht gezielt beeinflussen. Wenn Sie jedoch wissen, was Ihre Identität ausmacht, erhalten Sie Gestaltungsmöglichkeiten. Sie können zum Beispiel Ihre Stärken gezielter einsetzen, Ihre Schwächen kompensieren und Ihr Leben darauf ausrichten, dass es zu Ihrem wahren Ich passt.

Diese Identitäts*konstruktion* unterscheidet sich von der Identitäts*bildung*. Letztere ist grob gesagt der Prozess, den ein Mensch in jungen Jahren durchläuft, bis er sich seines Charakters und seiner Stellung in der Gemeinschaft bewusst wird. Die Identitätskonstruktion hingegen ist ein aktiver und bewusster Prozess, der infolge individueller Entscheidungen darüber entsteht, was man sein und werden möchte und was nicht. Das heißt, Menschen, die ihre Identität bewusst und aktiv gestaltet haben, wissen nicht nur, wer sie sind, sondern auch, *wie* sie es geworden sind. Diese Menschen haben bewusst in Ihr eigenes Leben eingegriffen und sich eine eigene Identität geschaffen. Denn nichts ist unveränderlich, auch nicht unser Ich. Das unterscheidet sie deutlich von den Menschen, die unreflektiert fremde Rollen und Denkmuster übernehmen. Sichtbar wird dies häufig zuerst darin, dass Menschen mit einem klaren Bewusstsein über ihre eigene Identität über ein stabiles Selbstbewusstsein, ein besseres Beurteilungsvermögen und bessere Entscheidungsfähigkeit verfügen.

Was mir wichtig ist und wofür ich stehe

Ein Kernbestandteil der Identität sind die eigenen Werte. Damit sind nun keine veralteten Moralvorstellungen gemeint, die Sie übernehmen sollen, sondern Ihre inneren Überzeugungen und Wertvorstellungen. Also das, was Ihnen wichtig ist, wovon Sie überzeugt sind, woran Sie glauben, was Sie antreibt, wofür Sie sich aus tiefster Überzeugung – auch gegen Widerstände – einsetzen. Werte bekommen ihre Bedeutung jedoch erst, wenn sie sich im Handeln widerspiegeln. Nur theoretisch über bestimmte Wertvorstellungen und Überzeugungen zu verfügen, ist genaugenommen nichts wert. Deshalb treten die eigenen Werte bei der Selbstreflexion auch vor allem dann zutage, wenn man sich fragt, *warum* man etwas Bestimmtes getan oder nicht getan hat. – Hinterfragen Sie also die Gründe für Ihre Entscheidungen und Handlungen.

» *Das Wissen um die eigenen Werte ist nicht nur in der Theorie wichtig, sondern hat praktische Auswirkungen.*

Das Wissen über die eigenen Werte hat nicht nur einen theoretischen Nutzen, sondern einen praktischen. Die eigenen Werte zu (er)kennen und die Lebensgestaltung daran zu orientieren, hilft Ihnen dabei, Ihren eigenen Weg zu gehen. Denn wer seine Werte und sich selbst kennt:

- kann leichter Entscheidungen treffen und unabhängig von den Meinungen anderer agieren, da er genau weiß, was er will und was nicht.
- wirkt auf andere überzeugend und glaubwürdig, weil er integer und konsistent agiert.
- kann unbelastet durchs Leben gehen, ohne sich verbiegen zu müssen.
- kann eigene Ziele besser erreichen, weil er weiß, was er wirklich will und was zu ihm passt, und daher sel-

tener an ungeeigneten oder nur vermeintlichen Zielen festhält.

- kann Aufgaben mit mehr Freude angehen, hat mehr Elan, ist fokussierter und kann Vorhaben besser umsetzen.
- handelt entschlossener und hat weniger Selbstzweifel.

Wofür stehe ich?

In meiner Branche gibt es (wie in vielen anderen auch) etliche Mitläufer, die stets nur auf ihren Vorteil bedacht sind und sich jedem neuen Trend unbedacht anschließen, bei jeder noch so rufschädigenden und intelligenzverleugnenden Veranstaltung mitmachen, zu allem Ja sagen. Und das nur, weil sie niemanden vor den Kopf stoßen wollen; es könnte ihnen ja schaden.

Für mich wäre das jedoch der falsche Weg. Ich war schon als Student in Paris ein Außenseiter, habe oft gesagt, dass mir etwas nicht passte, und zum Beispiel auf mittelmäßige Kurse hingewiesen, die ich nicht mehr besuchte. Ich habe später im Beruf und als Unternehmer viele Missstände zur Sprache gebracht und mir damit nicht nur Freunde gemacht.

Seit ein paar Jahren richte ich meinen Blick auch konsequent auf aus meiner Sicht gefährliche politische Entwicklungen und betrachte meine Stellungnahmen dazu als Aufklärungsarbeit. Dabei ist es mir egal, ob es mir beruflich schadet oder nicht. Es geht mir um persönliche Werte, innere Haltung und Konsequenz im Handeln.

Diese Klarheit hat mich viele Kontakte gekostet. Bei den oben genannten Mitläufern im „Kollegenkrei-

sen" bin ich dadurch teilweise in Verruf geraten. Für manche Verbände bin ich untragbar geworden. Die Luft wird dünn. Ich kann jedoch gut damit umgehen und vor allem jeden Tag in den Spiegel schauen, ohne mich zu schämen. Dafür hat mir diese starke Haltung sehr viel Respekt bei Interessenten und Kunden eingebracht, die von mir lernen wollen, wie sie sich auf ihre Art besser positionieren können.

Positionierung heißt im Leben Farbe bekennen, Klarheit zeigen und Stellung beziehen. Natürlich bleibt man in solchen Situationen nicht neutral. Wie wäre es auch möglich? Eine klare Positionierung ist nicht immer einfach, sorgt für Konflikte oder sogar Anfeindungen. Sie ist allerdings wie ein Leuchtturm mitten in vernebelten und verdunkelten Landschaften. – Und wer zu nichts Stellung bezieht, steht für nichts.

Reflexionsfragen

- Erleben Sie Ihr Ich als innere Einheit?
- Nutzen Sie Ihre Identität als Orientierungspunkt?
- Was ist Ihnen wichtig?
- Woran glauben Sie?
- Wofür wollen Sie stehen?
- Wofür sind Sie bereit, wirklich einzustehen und sich stark zu machen?
- Was ist es, was Sie im Innersten antreibt?

3. *Ich bin, wie ich sein möchte*

Der Satz „Ich bin, wie ich sein möchte" umreißt bereits die Idee vom souveränen Ich. So zu sein, zu handeln und zu leben, dass es den eigenen Wünschen und Werten entspricht, ist ein Ausdruck der Souveränität des Ichs. Dafür reicht es jedoch nicht, das Selbst zu (er)kennen und den Status quo zu erhalten. Es kommt darauf an, das eigene Selbst immer wieder bewusst und aktiv zu gestalten. Die Welt steht nicht still und auch das Selbst, das Umfeld, die Mitmenschen, die eigenen Wünsche und alles andere verändern sich permanent. Die Souveränität des Ichs zu erhalten, erfordert daher stete Neujustierung und Entwicklung.

Ich bestimme selbst

Bei der Gestaltung des eigenen Ichs geht es meiner Ansicht nach in erster Linie um zwei Dinge: Eigenverantwortung und Selbstbestimmung. Ich bin überzeugt, dass letztlich jeder Mensch die Möglichkeit hat, sein Leben in die Hand zu nehmen. Allerdings sind nicht alle Menschen bereit, auch die damit verbundene Verantwortung für sich selbst zu übernehmen. Eigenverantwortung hat nämlich zur Folge, dass man erstens aus eigenem Antrieb aktiv werden muss, zweitens eine klare Vorstellung davon braucht, wohin der Weg führen soll, und drittens für sein Handeln und Entscheiden geradesteht und niemand anderen dafür zur Rechenschaft ziehen kann. Und das ist durchaus etwas, dem sich nicht jeder stellen will beziehungsweise gewachsen fühlt. Manche Menschen brauchen stattdessen den sprichwörtlichen Tritt in den Hintern von anderen, um aktiv zu werden. Andere scheuen sich davor, die teils weitreichenden Konsequenzen einer selbstbestimmten und eigenverantwortlichen Lebensführung zu tragen. Und wieder andere halten diese Art der Lebensführung für zu anstrengend und arrangieren sich lieber mit dem, was sie haben.

» *Die Bereitschaft, Verantwortung für sich selbst zu übernehmen, ist Grundvoraussetzung für die Entfaltung des souveränen Ichs.*

Verantwortung und Selbstbestimmung gehen jedoch Hand in Hand; ohne Eigenverantwortung kann es keine Selbstbestimmung geben. Menschen, die sich von fremden Einflüssen freimachen und so agieren, wie sie es selbst für richtig halten, können niemand anderen oder die Umstände für ihr Handeln verantwortlich machen. Die Verantwortung liegt bei ihnen selbst. Das kann eine schwere Bürde sein. – Doch auf der anderen Seite sind solche Menschen unabhängig und frei. Und das ist ein unermesslich wertvolles Gut.

Menschen, die ihren Weg gehen

Menschen, die frei und unabhängig sind, können ihren eigenen Weg gehen und zu ihrem souveränen Ich finden. Mich faszinieren solche Menschen, auch wenn ihr konkreter Weg vielleicht nicht meiner ist und es niemals sein könnte. Denn diese Menschen sind beeindruckend: Sie haben die wichtige Entscheidung getroffen, den Weg, den sie für richtig halten, tatsächlich zu beschreiten. Wohlwissend, dass niemand ihnen eine Garantie gibt, wohin der Weg sie führen wird und ob sie ans Ziel kommen. Sie haben den Mut aufgebracht, sich von Sicherheiten und Gewohnheiten zu lösen und sich den anfänglichen Schwierigkeiten und Unsicherheiten sowie notwendigen Veränderungen zu stellen. Und sie haben die Disziplin und die Konsequenz, jeden Tag weitere Schritte auf ihrem Weg zu gehen, obwohl gerade anfangs die Gefahr groß ist, aus Angst vor dem Ungewissen lieber wieder kehrtzumachen. Menschen, die ihren Weg gehen, geben nichts auf Kritiker, die über ihre Versuche vielleicht spotten, oder auf Zauderer, die sie davon abhalten wollen, den Weg zu beschreiten. Sie entscheiden sich trotz möglicher Widerstände für die Freiheit und gegen einen Weg, den andere für sie vorbestimmt haben oder vorbestimmen wollen. – Deshalb geht es hierbei um nichts weniger als die persönliche Freiheit.

Selbstbestimmung kommt nicht von allein

Doch selbstbestimmt seinen eigenen Weg gehen zu können, ist keine Selbstverständlichkeit und ergibt sich nicht von allein. Deshalb gibt es ja auch so viele Menschen, denen dies nicht gelingt und die damit auf ein Leben verzichten, das ihnen selbst entspricht und ihnen durchaus zugänglich wäre. Stattdessen gehen sie einen Weg, der von äußeren Einflüssen vorgezeichnet wurde. Ein entscheidender Grund dafür ist, dass sie häufig gar nicht wissen, wie stark fremde Einflüsse und Denkmuster, die sich oft über Jahre oder Jahrzehnte manifestiert haben, sie selbst und ihr Leben bestimmen.

Nun lassen sich diese Einflüsse jedoch nicht einfach mit einem imaginären Schalter ausschalten. Es erfordert Mühe, sie überhaupt erst einmal als solche zu erkennen und sich dann tatsächlich von ihnen zu lösen, um schließlich selbst zu bestimmen, wie man entscheiden und handeln möchte. Erfolgt dieser Prozess nicht, bleiben Denken, Fühlen, Entscheiden und Handeln fremdbestimmt und eine selbstbestimmte Lebensführung ist nicht möglich. Die Entfaltung der eigenen Persönlichkeit, die Entwicklung des souveränen Ichs, wird dadurch stark beeinträchtigt oder sogar ganz verhindert. Und in der Regel ist es nicht möglich, ein wirklich zufriedenes und erfülltes Leben zu führen. Denn häufig steht das Fremdbestimmte im Widerspruch zum eigenen Selbst, was sich in inneren Spannungen und Blockaden zeigt, die Menschen zum Beispiel als tiefe Unzufriedenheit oder Rastlosigkeit erleben. Nicht selten fehlt es zudem an Motivation und Zuversicht.

>> *Wer sich von fremden Einflüssen lösen will, braucht Entschlossenheit und Willenskraft.*

Wenn Sie sich von den fremden Einflüssen auf Ihr Leben lösen wollen, brauchen Sie den entschlossenen Willen dazu, diese Einflüsse ernsthaft zu ergründen, zu hinterfragen und an ihrer Auflösung gezielt zu arbeiten. Dabei reicht es leider nicht, diesen Willen nur einmalig aufzubringen. Dieser Prozess erfordert Zeit, Konsequenz und eine dauerhafte Einsatzbereitschaft.

Reflexionsfragen
- Sind Sie bereit, Verantwortung für sich selbst und für Ihr Leben zu übernehmen?
- Was heißt es für Sie konkret, Ihren eigenen Weg zu gehen?
- Was haben Sie in den nächsten zwölf Monaten konkret vor, um Ihren eigenen Weg zu gehen?
- Was haben Sie bereits dafür getan, um Ihren eigenen Weg gehen zu können?
- Sind Sie entschlossen und bereit dazu, fremde Einflüsse auf Ihr Leben zu ergründen und aufzulösen?

Jeder ist sein eigener Coach

Die Selbstreflexion und die Erkenntnis fremder Einflüsse sind die ersten Schritte, die man auf dem Weg zum souveränen Ich geht. Die nächsten Schritte umfassen den Wunsch nach Selbstbestimmung verbunden mit der Bereitschaft zur Eigenverantwortung. Danach folgt das aktive Arbeiten daran, mehr Selbstbestimmung zu erlangen und das eigene Ich bewusst zu entfalten. Das Selbstcoaching ist die ideale Methode dafür.

Ich bin davon überzeugt, dass jeder Mensch dazu in der Lage ist, Lösungen für die Herausforderungen, die sich ihm stellen, selbst zu finden. Jeder Mensch kann sich also eigenständig auf den Weg zu seinem souveränen Ich begeben und die notwendigen Maßnahmen erkennen und umsetzen, um ein selbstbestimmtes Leben zu führen. Neben dieser Bedeutung hat die Überschrift dieses Kapitels für mich jedoch noch eine zweite, denn „Jeder ist sein eigener Coach" heißt nämlich auch: Jeder, der sein souveränes Ich entfalten möchte, braucht dafür einen starken Impuls aus sich selbst heraus. Kein Coach der Welt wird ihm von außen den nötigen Schub mitgeben können. Nur wer sich selbst antreiben und motivieren kann und bereit ist, an sich selbst zu arbeiten und sich selbst zu coachen, wird schließlich seinen Weg zum souveränen Ich finden.

Selbstcoaching – das eigene Leben selbst gestalten

Das Selbstcoaching ist eine bewusste, systematische und selbstinitiierte Auseinandersetzung mit der eigenen Persönlichkeit. Es hat das Ziel, Potenziale für notwendige und/oder gewünschte Veränderungen zu erkennen und entsprechende Maßnahmen und Veränderungsprozesse einzuleiten. Im Mittelpunkt der Aufmerksamkeit stehen dabei das Verhältnis zu sich selbst, die Beziehung zu anderen Menschen und das eigene Verhalten und Handeln. Das Selbstcoaching dient dazu, sich selbst zu erkennen und das eigene Leben zunehmend nach den eigenen Wünschen und Vorstellungen zu gestalten.

> **»** *Das Selbstcoaching ist eine bewusste, systematische und selbstinitiierte Auseinandersetzung mit der eigenen Persönlichkeit.*

Das Selbstcoaching hilft Ihnen dabei, Ihr Selbst zu erkunden und sich mehr Selbstbestimmung zu erarbeiten, indem es diesen Prozessen eine klare Struktur und Systematik verleiht. Das ermöglicht Ihnen, planvoll und konzentriert vorzugehen, und gibt Ihnen notwendige Orientierungspunkte und Impulse.

Eine bewährte Selbstcoaching-Methode ist das Alternative Denken. Es gibt Ihnen die Möglichkeit, selbstständig neue Wege zu eröffnen und starre Strukturen, die Sie einschränken, aufzubrechen. Dies gelingt durch das kontinuierliche Hinterfragen und Reflektieren von Denk- und Handlungsmustern, was innere Antriebe, Strukturen, Gewohnheiten und (fremde) Einflüsse offenlegt und Raum für Alternativen schafft. Dafür ein Beispiel: Viele Unternehmer, die ich coache, stehen unter geschäftlichem Druck. Und an manchen Tagen überschlagen sich die Ereignisse, eine Auftragsbearbeitung dauert länger als erwartet, es kommt unvorhergesehen ein Eilauftrag hinzu und dann macht ausgerechnet an diesem Tag auch noch der Computer Zicken. Viele Menschen reagieren darauf – wie sie es schon immer gemacht haben – mit Aktionismus und versuchen, alles gleichzeitig in Angriff zu nehmen. Eine genau gegenteilige Reaktion wäre jedoch ebenso denkbar: Man geht erst einmal in aller Ruhe ein Eis essen oder im Café nebenan einen Kaffee trinken, um wieder einen klaren Kopf zu bekommen. Unterm Strich kostet die „verlorene" halbe Stunde nicht einmal Zeit, weil wir uns währenddessen einmal neu sortieren und anschließend die Aufgaben systematischer und konzentrierter angehen können.

Wenn Sie gezielt nach Alternativen suchen und bewusst mit ihnen spielen, können Sie bestehende Muster auflösen und Ihr Blick wird frei für alternative Denk- und Handlungsmöglichkeiten. Wenn Sie diese nach der Umsetzung wiederum auf den Prüfstand stellen, wird ein kontinuierliches Selbstcoaching in Gang gesetzt. Zudem führt die Verinnerlichung dieses alternativen Denkprinzips in allen Lebensbereichen zu einer gedanklichen Offenheit und Flexibilität, die verhindern, dass sich erneut feste Muster und Fremdbestimmungen einschleichen.

Für Ihren Weg zum souveränen Ich bedeutet dies konkret:
- Beobachten Sie sich selbst in verschiedenen Situationen und erkunden Sie Ihr Denken, Fühlen, Handeln und Verhalten. Ergründen Sie die Motivation, die Sie leitet, und die Einflüsse auf Sie selbst.

- Machen Sie eine Bestandsaufnahme, auch um später etwaige Veränderungen damit abgleichen zu können. Fragen Sie sich zum Beispiel: Wie hoch stufe ich auf einer Skala von eins bis zehn meine Selbstbestimmung in einer bestimmten Situation/Beziehung ein? In welchen Situationen/Beziehungen stehe ich unter besonders starken Fremdeinflüssen? In welchen ist meine Selbstbestimmung bereits sehr hoch?

- Identifizieren Sie die Bereiche, in denen Sie Veränderungen erreichen möchten.

- Reflektieren Sie Ihr Denken, Fühlen, Verhalten und Handeln in diesen Bereichen, um Muster und Einflüsse offenzulegen und Raum für Alternativen zu schaffen.

- Suchen Sie nach Alternativen. Entwickeln Sie bewusst eigene Denkrichtungen und Handlungsmöglichkeiten, die zu Ihrem Ich passen und die Ergebnisse Ihrer Selbstreflexion und Ihre Wertvorstellungen aufgreifen.

- Treffen Sie entsprechende Entscheidungen und setzen Sie diese konsequent um.

- Mahnen Sie sich selbst zur Konsequenz. Bleiben Sie dran!

- Nehmen Sie erfolgreich verlaufende Veränderungen bewusst und mit Wertschätzung wahr. Genießen Sie diese Fortschritte.

- Führen Sie diesen Prozess dauerhaft fort, um Erreichtes zu stabilisieren und weitere notwendige Veränderungen umzusetzen.

Alternativen zulassen und mit ihnen spielen

Die bewusste Suche nach Alternativen lässt sich leicht als Tipp formulieren. In der Praxis ist sie vermutlich der schwie-

rigste Schritt, denn sie erfordert einerseits, dass wir Denk-
und Handlungsmuster überwinden, und andererseits eine
große Offenheit und Flexibilität im Denken. Um das zu erreichen, kann eine eher spielerische Herangehensweise sehr
hilfreich sein.

Suchen Sie dafür eine Situation heraus, bei der Sie üblicherweise nach einem bestimmten Muster vorgehen, das
Sie aufbrechen wollen. Wenn Sie zum Beispiel merken, dass
Sie wochenlang jeden Abend das Gleiche machen und damit
nicht zufrieden sind: Führen Sie sich einfach einmal alle nur
erdenklichen Handlungsvarianten vor Augen und spielen Sie
diese gedanklich von vorn bis hinten durch. Und zwar – und
das ist wichtig –unabhängig davon, ob diese Handlungsmöglichkeiten für Sie tatsächlich infrage kommen oder überhaupt realistisch sind. Sie können sogar Varianten durchspie-
len, die auf fremden Planeten stattfinden oder eine Zeitreise
erfordern. Ziel ist es, absichtlich den Bereich des Gewohnten
und Bekannten zu überschreiten und auf diese Weise sichtbar zu machen, dass unendlich viele Alternativen denkbar
sind. So befreien Sie Ihr Denken von Begrenzungen und erkennen die Vielfalt und Vielzahl der Optionen.

» *Suchen Sie spaßeshalber nach allen denkbaren
Optionen, selbst wenn diese eine Zeitreise bein-
halten oder auf einem anderen Planeten spielen.*

Mit diesem spielerischen Ansatz trainieren Sie unbelastet
von tatsächlichen Erfordernissen das flexible und unbegrenzte Denken. Er macht Ihnen bewusst, dass Sie praktisch immer mehrere Alternativen zur Verfügung haben,
auch wenn Sie sie zunächst nicht sehen können. Mit der
Zeit wird Ihnen dieses Bewusstsein schließlich in Fleisch
und Blut übergehen.

Mit diesem Bewusstsein und der Fähigkeit, frei und spielerisch nach Alternativen zu suchen, wird es Ihnen nach und nach leichter fallen, auch diejenigen Alternativen zu finden, die realistische Optionen darstellen und gleichzeitig Ihr Selbst widerspiegeln.

Eine tägliche Selbstcoaching-Aufgabe: Standards nicht akzeptieren

Wenn Sie nicht so richtig wissen, wie Sie mit dem Selbstcoaching praktisch anfangen sollen, empfehle ich Ihnen die Aufgabe „Standards nicht akzeptieren". Im Alltag akzeptieren viele Menschen einfach die Bedingungen, die ihnen als „normal" oder „üblich" oder „Standard" verkauft werden. Das betrifft die verschiedensten Lebenssituationen. Ein Hotelzimmer mit einem Fenster, das sich nicht öffnen lässt? „Tut mir leid, Herr Etrillard, in dieser Etage ist das mit allen Zimmern so, da kann ich leider nichts für Sie tun." – Eine Festanstellung mit einem etwas zu niedrigen Gehalt? „Das ist unser übliches Einsteigergehalt." – Ein Handwerker, der irgendwann zwischen 10 und 16 Uhr kommt? „Genauer kann ich es Ihnen leider nicht sagen."

Viele Menschen nehmen Angebote und Antworten, die man ihnen als Standard präsentiert, einfach hin, ohne sie zu hinterfragen. Auch dann, wenn sie mit diesem vermeintlichen Standard unzufrieden sind. Doch solange sie diese Unzufriedenheit für sich behalten und nicht gezielt nach Alternativen fragen (oder diese wenn nötig auch einfordern), wird niemand ihnen etwas anderes anbieten. Sie werden häufig gar nicht erfahren, dass es etwas anderes als den Standard hätte geben können. Fragen Sie also ganz konkret nach einem Hotelzimmer mit Fenster, nach einem höheren Gehalt, einer konkreten Uhrzeit oder was es im spezifischen Fall auch immer sein mag – Sie werden überrascht sein, wie oft Sie letztlich doch eine Lösung angeboten bekommen, die eben nicht dem Standard, dafür jedoch Ihren persönlichen Vorstellungen entspricht.

Mein dringender Ratschlag, den ich Ihnen als tägliche Aufgabe nahelegen möchte, ist deshalb: Geben Sie sich mit Standards nicht zufrieden. Akzeptieren Sie kein „normal" oder „üblich", wenn Sie damit unzufrieden sind. Fragen Sie nach Alternativen, schlagen Sie konkrete Optionen und Lösungsansätze vor. Nur wer mehr als den Standard will und auch danach fragt, hat überhaupt die Chance, mehr zu bekommen. Im Leben bekommen wir in der Regel nicht das, was wir verdienen, sondern das, was wir aushandeln. Von allein werden uns die „Premium-Angebote" des Lebens nicht präsentiert, sondern erst dann, wenn wir die „Standard-Angebote" dankend abgelehnt haben.

Reflexionsfragen
- Wollen Sie Ihr eigener Coach sein?
- Wie stellen Sie sich Ihr Selbstcoaching praktisch vor?
- Können Sie ungewöhnliche Alternativen zulassen?
- Warum geben Sie sich mit Standard-Angeboten des Lebens zufrieden?
- Was werden Sie in Zukunft tun, damit Ihnen die Premium-Angebote des Lebens präsentiert werden?

Zeigen, wer man ist

Zu einem souveränen Ich gehört für mich eine souveräne Selbstdarstellung. Analog zu dem Satz „Ich bin, wie ich sein möchte" geht es deshalb auch um das Ziel „Ich werde so wahrgenommen, wie ich wahrgenommen werden möchte".

Beide Dimensionen sind eng miteinander verwoben, denn ein klares Selbstbewusstsein, eine positive Selbstwahrnehmung und ein starkes Selbstwertgefühl – die sich beinahe zwangsläufig einstellen, wenn man so ist, wie man sein möchte – haben großen Einfluss darauf, wie man wahrgenommen wird. Sie geben Selbstsicherheit und machen es leichter, auch im Miteinander mit anderen Menschen authentisch aufzutreten, souverän zu agieren und überzeugend zu kommunizieren.

» *Zu einem souveränen Ich gehört eine souveräne Selbstdarstellung.*

Menschen, die so sind, wie sie sein möchten, haben häufig gar keine Veranlassung dazu, anderen etwas vorzuspielen. Meist wollen sie sogar bewusst zeigen, wie sie sind und wofür sie stehen. Denn das, was sie ausmacht, steht im Einklang mit ihren inneren Überzeugungen. Sie stehen dazu und sind stolz darauf. Das hat den positiven Nebeneffekt, dass solche Menschen sehr unverkrampft, natürlich und glaubwürdig wirken. Besonders zeigt sich dies in ihrem Kommunikationsverhalten. Sie sind zumeist sehr überzeugende Gesprächspartner, die ihrem Gegenüber mit großer Wertschätzung und Offenheit begegnen und gleichzeitig ihre eigenen Interessen gut vertreten können.

Sich selbst ins rechte Licht rücken

Wer zu seinem souveränen Ich gefunden hat, dem wird es deshalb viel leichter fallen, sich selbst gut zu verkaufen, wenn es darauf ankommt. Sei es im beruflichen Kontext bei einer Bewerbung um einen Job oder bei einer wichtigen Auftragsverhandlung; oder sei es im Privaten, wenn man einen guten Eindruck bei den Schwiegereltern hinterlassen will oder auf einer Party mit einer bestimmten Person ins Gespräch kommen möchte.

Sowohl bei meiner beruflichen Arbeit als auch im privaten Kontext beobachte ich es bedauerlicherweise immer wieder, dass Menschen, die wirklich etwas zu bieten haben, es dennoch nicht schaffen, sich selbst ins rechte Licht zu rücken und andere von sich zu überzeugen. – Dann sind es stattdessen doch wieder irgendwelche Blender, die mit Tricks und viel Getöse ihr Angebot an die Kunden verkaufen oder die anstehende Beförderung ergattern. (Nicht selten mit dem Effekt, dass die Verantwortlichen hinterher enttäuscht und frustriert sind, allerdings im Nachhinein nicht zugeben können, auf einen Blender hereingefallen zu sein.) Oder es sind die lauten, etwas aufdringlichen Menschen, die sich auf der Party in den Vordergrund drängen und diejenigen, die mit ihren Qualitäten nicht so forsch hausieren gehen, in den Hintergrund schieben.

Mit Souveränität, Authentizität und Verbindlichkeit überzeugen

Anders bei denjenigen, die ihren Weg zum souveränen Ich bereits beschreiten und sich ihrer selbst sehr bewusst sind. Diese Menschen haben keine Scheu davor, klar und unmissverständlich zu zeigen, wer sie sind und ihre Überzeugungen, Qualitäten und Wünsche zu kommunizieren. Und sie haben keine Schwierigkeit, die richtigen Menschen auf sich aufmerksam zu machen. Aufmerksamkeit erregen sie dabei nicht mit lautem Getöse wie die oben erwähnten Blender, sondern mit einer souveränen Ausstrahlung und einer besonders authentischen, verbindlichen und glaubwürdigen Kommunikation. Und da sie genau wissen, was zu ihnen selbst passt, erreichen sie damit in der Regel genau die Personen, die sie damit erreichen und überzeugen wollen.

>> *Menschen, die keine Scheu davor haben, klar und unmissverständlich zu zeigen, wer sie sind, strahlen Souveränität und Überzeugungskraft aus.*

Hinzu kommt, dass solche Menschen wissen, was auf dem Spiel steht. Sie wissen, warum sie diesen Job oder diese Beförderung wollen oder was ihnen an einer bestimmten Person liegt, die sie näher kennenlernen wollen. Ihnen ist klar, warum dieses Ziel so wichtig für sie selbst ist, und was sie verlieren würden, wenn sie es nicht erreichen. Entsprechend groß ist ihre Motivation und Zielstrebigkeit. – Auch das stärkt noch einmal ihre Selbstsicherheit und die Souveränität ihres Auftritts. Und weil sie sich nicht verstellen, sondern im Miteinander mit anderen Menschen einfach so sind, wie sie sein möchten, werden sie so wahrgenommen, wie sie wahrgenommen werden möchten.

Meine persönlichen Erfahrungen mit Menschen wie diesen ist: Es macht einfach Spaß, mit ihnen Zeit zu verbringen und Gespräche zu führen. Es herrscht stets eine konstruktive, wertschätzende und offene Atmosphäre. Es gibt keine unterschwelligen Spannungen oder Vorbehalte, keine Irritationen, die später vielleicht zu Enttäuschungen führen. Der Umgang miteinander ist verbindlich und aufrichtig; und ich selbst fühle mich dabei frei, so zu sein, wie ich bin, und zu zeigen, wofür ich stehe.

Reflexionsfragen

- Werden Sie so wahrgenommen, wie Sie wahrgenommen werden möchten?
- Zeigen Sie anderen Menschen bewusst, wer Sie sind und was Sie ausmacht?
- In welchen Situationen ist es Ihnen nicht gelungen, sich gut zu verkaufen? Was waren in diesem konkreten Fall die Gründe dafür?
- Wie beurteilen Sie Ihren eigenen Kommunikationsstil? Sind Sie in Gesprächen souverän und offen? – Falls nicht: Was hindert Sie daran?

4. *Veränderungen willkommen heißen*

Ob wir bereit sind oder nicht – um uns herum finden ständig Veränderungen statt. Wir verändern uns selbst und die Menschen, die uns nahestehen, verändern sich ebenso wie die beruflichen Anforderungen. Die gegenwärtige Gesellschaft verändert sich stärker und radikaler als irgendeine Gesellschaft jemals zuvor. So wird sich im Zuge des technischen Fortschritts die gesamte Arbeitswelt neu erfinden. Wir werden künftig mit anderen Mitteln, in anderen Teams und auch an anderen Orten arbeiten, als es viele Menschen gewohnt sind. Dafür brauchen wir neue Kompetenzen und die Bereitschaft zum lebenslangen Lernen. Gleichzeitig wird unsere Gesellschaft immer heterogener mit einer Vielzahl völlig unterschiedlicher Lebensentwürfe. Und welche weiteren globalen Entwicklungen sich ankündigen, lässt sich immer schwieriger voraussehen. Sicher ist, dass die gesellschaftlichen Zusammenhänge noch komplexer werden, dass Sicherheit und Vorhersehbarkeit abnehmen werden. Entscheidend ist, wie wir selbst auf diese Veränderungen reagieren und gleichzeitig nicht die innere Stabilität verlieren.

Sehnsüchte und Abwehrreflexe

Unser Leben, das auf immer mehr Gebieten vom Wandel geprägt ist, fordert Veränderungen geradezu heraus. Wo sich um uns herum so viel weiterentwickelt, leben wir in einer beinahe paradoxen Situation: Einerseits haben wir die Sorge, kaum noch mithalten zu können, und wünschen uns, die Zeit anhalten und einen erreichten Zustand beibehalten zu können. Das führt vielfach zu Abwehrreflexen gegenüber Veränderungen, zumal es viel bequemer ist, sich auf dem Status quo auszuruhen. Wir haben uns in unserem Leben eingerichtet, zelebrieren unsere Routinen und empfinden dann alles, sie durcheinanderbringen könnte, als Bedrohung. Andererseits sind wir selbst voller Sehnsüchte und haben manchmal das Gefühl, dass von uns erwartet wird, ständig alles neu, anders und noch besser zu machen. Aus diesem Durcheinander von Veränderungen, eigenen Sehnsüchten und an uns gerichteten Erwartungen entsteht eine komplexe Situation, die viele Menschen kaum noch entwirren können. Als Folge wird der persönliche Umgang mit Veränderungen in erster Linie als Problem betrachtet.

Veränderungen sind nicht automatisch Probleme!

In der Tat werden Veränderungen eher problematisiert, anstatt sie willkommen zu heißen. Selbstoptimierung und Veränderung sind beinahe schon zu einem Kult geworden. Für jeden Bedarf gibt es unzählige Techniken, Methoden und Anleitungen, die dabei helfen sollen, dem allgemeinen Erwartungsdruck gerecht zu werden. Und wo es so viele Ratgeber gibt, muss schließlich ein größeres Problem vorliegen. Aber ist Veränderung tatsächlich so schwierig, dass wir sie ohne Hilfe selbst kaum noch bewältigen können?

Nein, zumindest dann nicht, wenn wir eine Veränderung

selbst wirklich wollen. Veränderung darf einfach sein. Alles, was es dafür braucht, ist, eine Entscheidung zu treffen, dementsprechend zu handeln und am Ziel festzuhalten. Das gilt für alle Bereiche des Lebens, ob beruflich oder privat.

» *Veränderung darf einfach sein.*

Sie wollen sich beruflich weiterbilden? Buchen Sie einfach einen passenden Kurs. – Sie wollen in einer anderen Stadt leben? Brechen Sie Ihre Zelte ab und suchen Sie sich am Wunschort eine neue Arbeit. – Sie wollen mehr Zeit für sich selbst haben? Werfen Sie unnötigen Ballast (beispielsweise in Form von Terminen und Verpflichtungen, die Ihnen keine Freude machen) über Bord und schaffen Sie sich die gewünschten Freiräume. – Sie wollen wieder Ordnung und mehr Übersichtlichkeit in Ihrem Umfeld haben? Trennen Sie sich radikal von dem, was Sie nicht mehr benötigen. Schmeißen Sie all diese Gegenstände weg, die Sie belasten, verkaufen Sie sie oder verschenken Sie sie. – Sie fühlen sich allein? Unternehmen Sie etwas, das Sie sofort dazu bringt, mehr unter Menschen zu sein.

Wenn Sie jetzt denken, dass Sie das alles doch nicht machen können, liegt die Frage nahe: Warum denn nicht? Nichts hindert Sie daran, etwas zu ändern, außer Sie selbst. Jede Veränderung verläuft nach demselben Prinzip: Zuerst wird genau bestimmt, was sich verändern soll, dann folgt eine klare Entscheidung und schließlich die entsprechende Handlung. Das heißt, wer eine Veränderung in seinem Leben einleiten will, hat jederzeit die Möglichkeit, genau das zu tun – und das ist nicht einmal eine hochkomplexe Angelegenheit, es erfordert lediglich konsequentes Handeln.

Eine Verweigerungshaltung bringt oft Nachteile

Sie sitzen beruflich fest im Sattel und bekleiden im Unternehmen eine gute Position innerhalb eines Teams, mit dem Sie gern zusammenarbeiten. Doch dann heißt es, dass umfangreiche Umstrukturierungen im Unternehmen geplant sind, wovon auch Ihre Abteilung betroffen sein wird. Veränderungen können zu einem Problem werden, wenn sie gegen unseren Willen stattfinden. Gerade im Beruf, jedoch auch privat, kommt das sehr häufig vor. Und selbst wenn solche Veränderungen letztlich sinnvoll sind, reagieren die meisten Menschen zunächst reflexartig mit Widerstand. In vielen Berufen werden laufend neue Prozesse, Technologien und Verfahrensweisen eingeführt. Kaum jemand reagiert darauf mit der sofortigen Bereitschaft, sich die nun nötigen Kenntnisse ohne Wenn und Aber anzueignen. Vielmehr kommt es zu einer Protesthaltung, bei der das Alte verklärt und das Neue abgelehnt wird. Das Bekannte ist gut, das Unbekannte dagegen bedrohlich. Bis zu einem gewissen Grad ist eine solche erste Ablehnung völlig normal, sie kann jedoch zu einer echten Selbsteinschränkung heranwachsen, wenn sie in einen völligen Boykott ausufert.

 Wenn sich die Welt um uns herum ändert, können wir nicht einfach stehenbleiben.

Viele Menschen empfinden eine Wehrlosigkeit gegenüber von außen kommenden Veränderungen. Man hat lediglich die Möglichkeit, die Veränderung zu akzeptieren oder kategorisch abzulehnen. Doch auch die Ablehnung führt meist nur zu einem Aufschub: Wenn sich die Welt um uns herum ändert, können wir nicht einfach stehenbleiben. Niemand muss sofort auf jeden Zug aufspringen und alle Trends mitmachen, im Gegenteil – doch bringt es uns selbst am wenigsten, wenn wir uns gegenüber unaufhaltsamen Entwicklungen verweigern. Hier besteht nur die Gefahr, den Anschluss zu verlieren und am Ende allein dazustehen.

Ein Blick in die Zukunft

Große und auch so manche kleinen Veränderungen wecken Ängste und Befürchtungen und führen schnell zu Unbehagen. Das ist nicht weiter ungewöhnlich. Gleichzeitig sind wir jedoch selbst voller Sehnsüchte. Das eigene Leben mit Blick auf die Zukunft auszurichten und immer wieder neue Sehnsüchte hervorzubringen, ist dabei eine wesentliche Eigenart des Menschen. Wir geben uns nicht mit Erreichtem zufrieden, sondern entwickeln stets neue Wünsche und Begehrlichkeiten und entwerfen vor unserem geistigen Auge mehr oder weniger klare Bilder von unserem zukünftigen Leben.

Ein solcher Blick auf die eigene Zukunft hat wesentliche Auswirkungen auf die Entscheidungen eines Menschen und auf die eigene Lebensführung, denn Sehnsüchte geben wichtige Anhaltspunkte für die Orientierung auf dem eigenen Lebensweg.

》 *Auch Sehnsüchte sind Wegweiser.*

Bagatellisieren Sie Ihre Sehnsüchte und Träume nicht als Flausen, die Sie sich lieber aus dem Kopf schlagen sollten. Nutzen Sie sie stattdessen als Impulse und Blicköffner. Träume, Wünsche und Sehnsüchte eröffnen uns – sogar wenn sie auf den ersten Blick utopisch erscheinen – neue Sichtweisen und Möglichkeiten, das eigene Leben zu gestalten. Wir brauchen solche Sehnsüchte. Sie bringen uns in der persönlichen Entwicklung weiter. Und wenn sie fehlen oder verdrängt werden, reagieren wir nur noch auf unmittelbare Einflüsse wie dringende Sachzwänge, situationsbedingte Impulse, emotionale Zustände, offensichtliche Optionen oder Bestimmungen durch andere.

Dabei vernachlässigen wir die Lösungen und Optionen, die sich vielleicht erst auf den zweiten oder dritten Blick zeigen oder ein gewisses Maß an Kreativität und Bewusstmachung sowie eine längerfristige Perspektive erfordern. Wir beschneiden dadurch selbst unsere Gestaltungsmöglichkeiten, die unser Leben und unsere Persönlichkeit bereichern könnten.

Sehnsüchte zeigen uns, was sein könnte. Ein Wunsch allein ist jedoch zu diffus, um daraus klare Handlungsoptionen ableiten und tatsächliche Entscheidungen treffen zu können. Der Schritt zur Realisierung führt daher über konkrete Ziele, die wir uns setzen. Kristallisiert sich ein Ziel heraus, stellt sich allerdings die Frage, ob wir für die Veränderung tatsächlich bereit sind. Viele Menschen träumen von etwas Zukünftigem, machen jedoch einen Rückzieher, wenn aus einer Sehnsucht konkrete Ziele entstehen. Die Ursache ist die Angst vor Veränderungen. Sie träumen beispielsweise davon, in einem Haus am See zu wohnen. Das ist sicher machbar. Doch Sie brauchen etwas Vorbereitungszeit, um dem Ziel Schritt für Schritt näher zu kommen. Dabei wird sich dann herausstellen, dass sogar das Haus am See einige Nachteile mit sich bringt: Der Weg zur Arbeit wird länger, die Freunde wohnen in Stadt, das kulturelle Leben findet woanders statt. Und wie kommen die Kinder zur Schule, wie wieder zurück? All diese Fragen und noch einige mehr werden sich stellen.

Wir haben zwar unsere Sehnsüchte, doch wenn es darum geht, konkrete Veränderungen einzuleiten, ist der Drang nach Sicherheit oft größer. Vielfach werden Veränderungen anfangs mit großer Skepsis betrachtet. Sie können Ihre Veränderungsbereitschaft steigern, wenn Sie sich die negativen Gefühle bewusst machen, anstatt ein Ziel vorzeitig aufzugeben. Wenn es Ihnen dann noch gelingt, Vorfreude auf das Neue zu entwickeln, wird es Ihnen leichtfallen, Veränderungen willkommen zu heißen.

Fest steht: Ohne die Bereitschaft für Veränderungen wird sich niemals etwas ändern. Und um Veränderungen möglich zu machen, gilt es, die eigenen Lebensumstände zu erkennen, sie regelmäßig infrage zu stellen, um schließlich selbst damit beginnen zu können, Sehnsüchte zuzulassen und Veränderungen einzuleiten. Welche Sehnsüchte lassen Sie zu und welche verdrängen Sie? Entwickeln Sie konkrete Ziele aus Ihren Sehnsüchten? Welche Veränderungen leiten Sie ein? – Das sind wichtige Fragen, die jeden betreffen.

Auf Veränderungsdruck souverän reagieren

Allerdings besteht nicht nur das Risiko, Sehnsüchte zu verdrängen und auf Veränderungen mit Abwehrreflexen zu reagieren. Heute ist so vieles möglich, fast alles. Und noch nie war es einfacher, die unterschiedlichsten Lebensentwürfe tatsächlich auszuleben. Das setzt Menschen jedoch auch unter Druck. Es scheint, als würde von uns geradezu erwartet werden, dass wir uns ständig selbst neu erfinden. Wir sollen zum Beispiel ein aufregendes Leben führen, spannende Hobbys und tolle Freunde haben und in ein, zwei Jahren wieder etwas anderes Großartiges beginnen. An diesem Punkt ist es nicht leicht, zwischen den wahren Sehnsüchten und den von außen kommenden Erwartungen zu trennen. Zwar bringt es nichts, sich gegen notwendige und unvermeidbare Veränderungen zu sträuben, allerdings ist auch nicht jede Veränderung zwangsläufig gut für uns. So manche Kehrtwende ist schlichtweg nicht erforderlich. Wenn Sie mit einem gegenwärtigen Zustand zufrieden oder sogar glücklich sind, gibt es keinen Grund, daran etwas zu ändern.

Manche Dinge sind gut so, wie sie sind. Der Drang, mehr

zu wollen, kann auch in die Irre führen – vor allem dann, wenn er auf äußeren Einflüssen basiert. Es ist eine Frage der persönlichen Souveränität, selbstbestimmt zu entscheiden, welche Veränderungen notwendig und gut für uns sind und an welcher Stelle wir das Erreichte genießen können.

Reflexionsfragen

- Wie betrachten Sie anstehende Veränderungen: als Problem oder als willkommene Gelegenheit?
- Welche Erwartungen, die nicht Ihren inneren Wünschen entsprechen, werden an Sie gestellt?
- Wie gehen Sie mit solchen Erwartungen um?
- Welche Veränderungen, die richtig und unvermeidbar sind, führen bei Ihnen zu Abwehrreflexen – und warum?
- Wenn Sie sich für eine Veränderung entschieden haben, handeln Sie dann konsequent, um die Veränderung in die Tat umzusetzen?

Offen für Veränderungen

Jeder Mensch neigt dazu, an seinen Gewohnheiten festzuhalten. Gewohnheiten sind nicht nur bequem, sondern suggerieren uns vor allem auch Berechenbarkeit und Sicherheit für unser tägliches Leben. Deshalb ist es so schwierig, sie abzulegen. – „Die Macht der Gewohnheit" ist ein Ausdruck, der unser Verhältnis zu unseren Gewohnheiten sehr anschaulich beschreibt. Und tatsächlich haben Gewohnheiten Macht über uns.

Gewohnheiten und Denkmuster sind nicht grundsätzlich schlecht, denn einige von ihnen erleichtern uns das Leben. Wir können im Alltag nicht immer über alles, was wir entscheiden oder tun, ausführlich und vollkommen neu nachdenken. Manchmal fehlen einfach die Zeit und die Gelegenheit dazu. Gewohnheiten und Denkmuster sind dann wie vorgefertigte Schablonen, die es uns erlauben, schnell und unkompliziert zu entscheiden und zu reagieren. Sie haben beispielsweise die Gewohnheit, freitags die Wocheneinkäufe zu erledigen, damit Sie am Wochenende weniger Verpflichtungen haben. Diese Gewohnheit gibt Ihnen Struktur und ist obendrein für Sie persönlich sehr sinnvoll. Wenn Sie nun jedoch ein Treffen mit einem alten Freund, der leider nur am Freitagnachmittag in der Stadt ist, allein deshalb absagen, weil Sie ja Ihre Einkäufe machen müssen, würden Sie es mit Ihrer Gewohnheit doch übertreiben. Problematisch werden Gewohnheiten immer dann, wenn sie entweder zu Dogmen erhoben werden oder unbewusst unser Leben beeinflussen – wenn wir also das Gefühl haben, eine Entscheidung selbstbestimmt gefällt zu haben, obwohl wir bloß aus reiner Gewohnheit so entschieden haben.

Auf diese Weise schränken Gewohnheiten unsere Handlungsspielräume teilweise drastisch ein, da alle Handlungsalternativen, die jenseits des Gewohnten liegen, ausgegrenzt werden. Wir sehen sie überhaupt nicht mehr. Das tauglichste Gegenmittel ist die bewusste Reflexion darüber, an welchen Punkten unsere Gewohnheiten im Denken, Fühlen und Entscheiden wirksam werden und ob diese Gewohnheiten tatsächlich das widerspiegeln, was unser Selbst ausmacht.

Gewohnheiten verändern unser Leben

Wenn wir uns immer wieder bewusst machen, warum wir beispielsweise eine Veränderung ablehnen, erhalten wir zugleich einen klareren Blick auf die tief liegenden Motive für unsere Entscheidungen und Handlungen. Gewohnheiten führen zu Verhaltensweisen, die uns oft nicht bewusst sind und uns entweder zu unseren Zielen hinführen oder uns von unseren Zielen abbringen können.

Dabei führen Gewohnheiten zu einer Routine, die durchaus positiv sein kann: Die Gewohnheit, abends den Schreibtisch aufzuräumen, ist für jeden Berufstätigen sinnvoll. Die Gewohnheit, mehrere Stunden am Tag zu üben, ist für jeden Musiker unersetzlich. Die Gewohnheit, sich jeden Tag etwas Zeit für sich selbst zu nehmen, erhält die psychische Gesundheit. Es gibt unzählige dieser überaus nützlichen Routinen. Sie helfen uns dabei, ohne viel nachdenken zu müssen, das Richtige und Notwendige zu tun. Auch wäre es uns kaum möglich, jede Handlung völlig bewusst zu treffen und beispielsweise stets aufs Neue zu überdenken, ob wir uns abends die Zähne putzen oder welchen Weg wir zur Arbeit fahren. Das hätte geradezu neurotische Züge.

Wir brauchen also unsere Gewohnheiten, zumindest viele davon. Doch etliche Gewohnheiten sind keineswegs hilfreich, sondern destruktiv, weil sie uns immer weiter von unseren eigenen Wünschen wegführen: Die Gewohnheit, lästige Dinge erst einmal liegenzulassen, verhindert wichtige Handlungen. Die Gewohnheit, ständig zu viel einzukaufen, belastet den Geldbeutel. Die Gewohnheit, jeden Abend fernzusehen oder im Internet zu surfen, hindert uns daran, persönliche Beziehungen zu pflegen. Auch von solchen nachteiligen Gewohnheiten gibt es unzählige. Haben Sie sich schon einmal gefragt, welche Ihrer Gewohnheiten Sie wirklich weiterbringen und welche Ihnen hinderlich sind?

» *Die wenigsten Menschen stellen sich die Frage, welche Gewohnheiten für sie nützlich sind und welche nicht.*

Die wenigsten Menschen stellen sich diese Frage. Genau deshalb haben Gewohnheiten so viel Macht über uns – weil sie im Unbewussten wirken und wir sie damit nicht gezielt steuern können. Wir sind Gewohnheitsmenschen. Und je unterschwelliger die eigenen Gewohnheiten wirken, umso schwieriger wird es, Veränderungen einzuleiten. Viele Gewohnheiten im Leben haben wir übernommen: Wir machen oft das, was unsere Eltern bereits gemacht haben; handeln im Beruf so, wie es alle machen, und orientieren uns daran, was üblich ist. Das kann zu völliger Gleichmacherei führen, durchaus über Jahre und Jahrzehnte hinweg.

Offen sein für das Ungewohnte

Es ist deshalb wichtig, sich die Offenheit für Veränderung zu bewahren. Diese Offenheit hilft dabei, mit solchen Gewohnheiten zu brechen, die nicht auf einem selbstbestimmten und bewussten Willen basieren. Was es dann noch braucht, ist der Mut zur Veränderung und der Mut, sich auf das Unbekannte einzulassen. Den Mut braucht es, weil bei jeder Veränderung – wenn wir beginnen, etwas anders zu machen – stets das Risiko des Scheiterns besteht. Wer sich auf ein neues Terrain begibt, riskiert einen Misserfolg. Das stimmt. Wenn wir dieses Risiko jedoch nicht eingehen, bleibt alles beim Alten, so wie es immer war – in vielen Fällen heißt das durchschnittlich und mittelmäßig. Etwas Besonderes entsteht jedoch dann, wenn außergewöhnliche Entscheidungen jenseits der Norm getroffen werden.

Sich für das Ungewohnte zu entscheiden ist dabei selbstverständlich nicht einfach. Denn kaum taucht der besondere Funke einmal auf, meldet sich eine innere Stimme, die uns Dinge einflüstert wie: „In meiner Branche bewirbt man sich so nicht." „In meiner Familie ist das unüblich." „Alle anderen machen das aber anders." „Das würde nicht gut ankommen."

Wir alle kennen solche Gedanken nur zu gut. Und gerade deshalb ist es lohnend, sich ins Bewusstsein zu rufen, was uns das Leben bescheren könnte, wenn wir anfangen würden, viele Dinge anders zu machen, als es allgemein üblich ist oder wie es von uns erwartet wird. Was würde passieren, wenn Sie gegen die Norm verstoßen? Diese Frage können Sie auf alle erdenklichen Lebensbereiche beziehen. Wo alle gleich denken und handeln, bleiben neue Wege unentdeckt. Erst wenn Sie den Bruch mit Gewohnheiten wenigsten bewusst in Erwägung ziehen, kann sich etwas zum Positiven ändern. Wenn Sie Ihre Gewohnheiten verändern, verändern Sie damit Ihr Leben.

Reflexionsfragen
- Was genau würde passieren, wenn Sie von einer Gewohnheit abweichen und etwas von nun an anders machen?
- Welche Gewohnheiten hindern Sie daran, voranzukommen?
- Wie beeinflussen Ihre Gewohnheiten Ihr Denken und damit Ihr Handeln?
- Welche Gewohnheiten möchten Sie ablegen?
- Welche Gewohnheiten möchten Sie verändern?
- Welche neuen erfolgversprechenden Gewohnheiten möchten Sie sich zulegen?

Einfach ausprobieren

Gewohnheiten haben uns oft fest im Griff. Gleichzeitig wünschen sich zahlreiche Menschen Veränderungen in ihrem Leben, privat, beruflich oder sowohl als auch. Immer gibt es etwas, wonach wir uns sehnen, was wir uns wünschen und verändern wollen. Dennoch schaffen es die wenigsten, ein Leben nach ihren Vorstellungen zu leben. Was sie daran hindert, eine Veränderung einzuleiten, ist der Schritt von der Theorie zur Praxis. Wir wollen gern einen spannenderen Job – doch kaum werden die Gedanken konkreter, denken wir plötzlich an die liebgewonnene Sicherheit und empfinden das Gewohnte als so schön bequem.

An solchen Stellen läuft immer wieder das gleiche Programm in unseren Köpfen ab. Doch wir können dieses Programm auf mehrfache Weise überlisten. Zunächst können wir unseren Veränderungswillen stärken, indem wir uns sehr genaue Vorstellungen davon machen, wie wir in Zukunft leben wollen und welcher Weg dahin führt. Denn die meisten Menschen führen deshalb nicht das Leben, das sie führen wollen, weil sie sich kein anderes Leben vorstellen können. Das gilt letztlich für alle Bereiche des Lebens: Die meisten Menschen haben deshalb nicht den Job, der sie erfüllen würde, weil sie sich keinen anderen Job vorstellen können als den, den sie schon haben. Und selbst ein Wechsel in eine andere Firma würde nichts verändern – das Unternehmen wäre zwar ein anderes, die Arbeit jedoch die gleiche.

Vorgeschmack auf die gewünschte Veränderung

Wenn Sie sich vorstellen können, wie Sie in Zukunft arbeiten, leben und handeln wollen, haben Sie wenigstens eine neue Perspektive und dadurch freie Bahn. Natürlich geschieht auch dann nichts völlig von selbst. Doch wenn die Vorstellung eines neuen Lebenskonzepts erst einmal Konturen annimmt, können Sie einschätzen, welche ersten Schritte nötig sind, um sich dem angestrebten Lebenskonzept anzunähern.

An dieser Stelle wird es ernst. Denn jetzt steht die Entscheidung an, die zwischen Wunsch und Wirklichkeit entscheidet. Es ist nur natürlich, dass viele Menschen, an dieser

Stelle angelangt, einen Rückzieher machen. Vielleicht machen wir es selbst jedoch komplizierter, als es tatsächlich ist. Niemand ist gezwungen, einfach so ins kalte Wasser zu springen. Was oft vergessen wird: Man kann vieles erst einmal ausprobieren, um einen echten Vorgeschmack davon zu bekommen, wie etwas sein könnte.

» *Handlungen sind im Leben wirkungsvoller als Visionen, die nie verwirklicht werden.*

Sich eine genaue Vorstellung von einem Lebensentwurf zu machen, ist ein wichtiger Schritt. Doch wenn Sie wirklich etwas verändern und umsetzen wollen, bringen ab einem bestimmten Punkt Handlungen weit mehr, als eine Möglichkeit in der Theorie wieder und wieder durchzukauen: Sie sind in einer Beziehung und wollen zusammenziehen? Testen Sie einfach das Zusammenleben mit Ihrem Partner oder mit Ihrer Partnerin. – Sie wollen wissen, ob ein beruflicher Neuanfang für Sie eine echte Option ist? Probieren Sie es aus, besuchen Sie Kurse, bilden Sie sich weiter oder starten Sie parallel zur aktuellen Arbeit damit. – Sie wollen wissen, ob es Ihnen Spaß machen würde, Geige zu spielen? Kaufen oder leihen Sie sich ein Instrument und nehmen Sie einen Monat lang Probeunterricht. – Sie wollen wissen, ob es Sie dauerhaft zufrieden machen würde, in München, Hamburg oder auf Mallorca zu leben? Auch das können Sie testen und einfach mehrmals im Jahr dort einige Wochen verbringen.

Wenn Sie also wirklich eine Veränderung wollen, haben Sie jede Möglichkeit, die Veränderung in der Praxis zu testen. Anschließend können Sie immer noch entscheiden, ob das neue Leben tatsächlich das Richtige für Sie ist. Die tatsächlich gegangenen Schritte sind im Leben viel wirkungsvoller als Visionen, die nie verwirklicht werden.

Reflexionsfragen

- Wünschen Sie sich Veränderungen in Ihrem Berufs- beziehungsweise Privatleben?
- Wie soll Ihr künftiges Leben aussehen?
- Sind Ihre Vorstellungen so konkret, dass Sie daraus einen neuen Lebensentwurf ableiten können?
- Welche Veränderungen können Sie einfach einmal ausprobieren?
- Warum machen Sie es nicht?

5. *Warum also warten?*

Wohl jeder Mensch hat konkrete Ziele oder zumindest diffuse Sehnsüchte. Doch selbst, wenn das Ziel sehr klar ist, heißt das noch lange nicht, dass man sich gleich auf den Weg macht und das Ziel mit aller Konsequenz verfolgt. Vielmehr zögern wir die erforderlichen Entscheidungen hinaus und schieben die notwendigen Handlungen auf. Das kenne ich aus meiner Arbeit als Coach: Oft werde ich von Klienten nach einer Lösung für ein bestimmtes Problem gefragt. In solchen Fällen entwickle ich meist mehrere mögliche Lösungsansätze. Wenn ich diese mit dem Klienten bespreche, spüre ich in vielen Fällen die üblichen Abwehrreaktionen („Das kann ich jetzt noch nicht machen. Dafür ist es noch zu früh."). Weil ich das schon vielfach erlebt habe, bleibe ich gelassen und frage meinen Klienten nach seinem Alter und gleich hinterher: „Wie lange wollen Sie noch warten?" – Und diese Frage ist mehr als berechtigt. Denn wenn wir unsere Ziele erreichen wollen, kann das in vielen Fällen nur gelingen, wenn wir rasche und konsequente Entscheidungen treffen und die notwendigen Handlungen einleiten.

Die Entscheidung ist immer der erste Schritt

Für eine Veränderung ist nie zu spät, heißt es oft. Das ist natürlich nicht gänzlich verkehrt. Andererseits läuft uns manchmal eben doch die Zeit davon, vor allem wenn es um einschneidende Veränderungen oder sehr ambitionierte Ziele geht. Für das Erreichen vieler Ziele brauchen wir einfach Zeit, mitunter sogar viel Zeit. Und je älter wir werden, umso mehr manifestieren sich unsere Gewohnheiten, auch nehmen unsere Sorgen und Befürchtungen oft noch zu. Das macht es nicht leichter, eine Kehrtwende einzuleiten – vor allem dann nicht, wenn wir weiterhin zögern und die Realisierung unserer Wünsche immer wieder von Neuem aufschieben.

Wir haben einfach nicht ewig Zeit. Gerade deswegen gibt es keinen Grund zu warten. Ich kann mich an einen Klienten, Vorstand eines großen Unternehmens, erinnern, den ich vor einigen Jahren gecoacht habe. Er war damals 61 Jahre alt. Mit jeder Coaching-Sitzung wurde ihm bewusster, was er alles verpasst hatte, was er nicht mehr rückgängig machen konnte und was er niemals mehr würde nachholen können. Ihm wurde klar, dass er manche Dinge nun nicht mehr würde erreichen können. Eines Tages brach er in Tränen aus und sagte mir: „Herr Etrillard, mit Ihnen hätte ich schon vor 25 Jahren arbeiten sollen. Für so viele Dinge ist es jetzt zu spät." Ich konnte ihm leider nicht widersprechen. Seine Einsicht ehrte ihn, dennoch blieb die Realität hart: Es gab natürlich Dinge, die er noch zu seinem Vorteil ändern konnte, für andere allerdings war es tatsächlich zu spät. Der Mann hatte einfach zu lange gewartet.

 Je früher wir handeln, umso größer ist die Wahrscheinlichkeit, dass wir ein Ziel tatsächlich erreichen.

Zeit ist unser kostbarstes Gut

Oft bekomme ich zu hören: „Nächstes Jahr werde ich all meine Pläne umsetzen." Meine Antwort darauf ist meistens: „Machen Sie es jetzt, dann haben Sie ein Jahr gespart und können umso mehr erreichen." Denn viele große Ziele lassen sich nicht von einem Tag auf den anderen verwirklichen, sondern brauchen Zeit. Je früher wir beginnen, umso größer ist die Wahrscheinlichkeit, dass wir ein Ziel tatsächlich erreichen. Mit jeder Woche, jedem Monat des Abwartens vermindern sich unsere Erfolgsaussichten – und die vergeudete Zeit ist unwiderruflich verloren. Natürlich, viele Pläne und Vorhaben erfordern nicht nur Entschlossenheit, sondern auch einige Vorbedingungen wie zum Beispiel Geld. In solchen Fällen sagen wir uns, erst noch zwei, drei Jahre warten zu müssen, um die nötigen finanziellen Mittel beiseitegelegt zu haben. Das kann vernünftig sein, oft ist jedoch auch das nichts anderes als ein willkommener Vorwand.

Denn erstens hätten wir uns das Geld doch schon längst ansparen können. Und selbst, wenn nicht, sind es in Wahrheit letztlich nicht die fehlenden finanziellen Mittel, die uns von der Realisierung eines Zieles abhalten, sondern es ist das Ausbleiben von verbindlichen Entscheidungen. Wer wirklich etwas erreichen will, wird auch die Möglichkeit finden, die dafür nötigen Mittel aufzutreiben. Zeit dagegen können wir uns nicht für später zurücklegen und auch nicht irgendwo leihen. Verschwendete Zeit ist unwiederbringlich verloren, so bitter es klingen mag.

Wer also Veränderungen aufschiebt und zu lange abwartet, lässt damit das Leben an sich vorbeiziehen. Je schneller wir jedoch damit beginnen, uns dem zu widmen, was uns wichtig ist, umso besser sind die Erfolgschancen und umso größer ist die Wahrscheinlichkeit, dass wir das Leben führen, das wir tatsächlich leben möchten.

*Das größte Risiko im Leben ist die Angst vor
Entscheidungen*

Wer etwas verändern und die eigenen Ziele erreichen will, kommt nicht daran vorbei, eine klare und verbindliche Entscheidung zu treffen. Genau das ist eine der größten Hürden auf dem Weg zu einem selbstbestimmten Leben. Der wahre Grund, warum Menschen sich nicht weiterentwickeln und in einem Zustand verharren, der ihnen nicht behagt, ist die Angst, sich in eine neue Richtung zu entwickeln. Sie sagen dann: „Das geht doch nicht!", „Das habe ich doch noch nie gemacht!" oder „Damit kenne ich mich nicht aus!". Eine Entwicklung setzt Mut voraus, den Mut, neue Ufer anzusteuern, Mut, sich zusätzliche Kenntnisse anzueignen, Mut, sich einen neuen Wirkungskreis auszusuchen, Mut, der Möglichkeit des Scheiterns ins Gesicht zu blicken, Mut, sich von einem gewohnten Zustand zu trennen und manchmal auch den Mut, sich von einem altbekannten Umfeld zu lösen.

Vielfach ist es so, dass wir zwar etwas ändern wollen, uns jedoch zu keiner klaren Entscheidung durchringen können und sie immer wieder aufschieben. Doch wer auf den passenden Augenblick, auf gute Umstände oder perfekte Rahmenbedingungen wartet, wartet oft vergebens. Und dann, nach einiger Zeit, manchmal vergehen Jahre, stellen wir fest, dass der diffuse Wunsch nach Veränderung noch immer da ist, dass wir uns jedoch keinen Schritt nach vorn bewegt haben. Die Zeit ist in solchen Fällen unerbittlich und arbeitet gegen uns.

Der einzige Ausweg sind klare Entscheidungen, sogar radikale Entscheidungen – und das möglichst sofort. Es führt einfach nicht zum Ziel, wenn wir es uns bequem machen und uns von unseren Ängsten beherrschen lassen. Natürlich macht es erst einmal Angst, Entscheidungen zu treffen, die unser Leben verändern können. Doch wenn wir unser Leben verändern wollen, wird es ohne solche Entscheidungen nicht gehen.

An dieser Stelle trickst uns unsere eigene Psyche aus: Wir wollen einerseits etwas verändern, andererseits haben wir Angst vor dem, was kommen wird – also treffen wir zwar einige Entscheidungen, halten uns zugleich jedoch alle möglichen Hintertürchen auf. In solchen Fällen ist die Wahrscheinlichkeit extrem hoch, dass wir früher oder später eines dieser Hintertürchen nutzen werden, um uns aus der Verantwortung zu ziehen. Tatsächlich braucht es den Mut für Entscheidungen ohne Auffangnetz, für klare, verbindliche Entscheidungen, die uns kein Zurück gestatten, die echte Veränderungen bewirken.

 Jede Entscheidung bedeutet auch einen Verzicht auf etwas anderes.

Jeder kennt es aus eigener Erfahrung: Der Wunsch, sich einen Traum oder seine Sehnsüchte zu erfüllen, ist zwar groß. Doch sobald es ernst wird, spüren wir unser Sicherheitsbedürfnis. Wir wollen den erreichten Standard aufrechterhalten, dieses nicht aufgeben und auf jenes nicht verzichten. Doch niemand kann gleichzeitig auf der Couch liegen und die größten Abenteuer erleben, wir können nicht gleichzeitig träge sein und eine steile Karriere machen – und wir können uns nicht gleichzeitig an alle möglichen Bequemlichkeiten binden und uns völlig frei fühlen.

Dieses Dilemma zeigt: Jede Entscheidung bedeutet auch einen Verzicht auf etwas anderes. Dieser Verzicht darf uns jedoch nicht davon abhalten, Entscheidungen zu treffen. Denn sie sind essenziell für unser Leben, sie ermöglichen Selbstbestimmung, erhalten unsere Handlungsfähigkeit und machen Entwicklungen erst möglich.

Jede Entscheidung ist eine Scheidung

Bei vielen meinen Klienten habe ich genau dieses Dilemma häufig erlebt: Sie möchten zwar eine neue Tür in ihrem Leben aufstoßen, eine andere Tür dafür jedoch nicht verschließen. Oft geht jedoch das eine nur, wenn wir das andere akzeptieren. Mit einer Entscheidung bestimmen wir nämlich nicht nur den Weg in die Zukunft, wir schließen damit zugleich die Wege aus, die wir nicht mehr gehen wollen. Und genau das ist nicht einfach und gehört zu den Herausforderungen, die vielen meiner Klienten besonders schwerfallen.

Als Coach kann ich meinen Klienten jedoch nichts vormachen. Es bleibt mir nur, ihnen klarzumachen, dass wir nicht alles haben können: Einerseits alles beim Alten belassen und gleichzeitig das Neue erkunden, ist nicht möglich. Und es fällt uns schwer, uns von etwas zu trennen. Doch jede Entscheidung bedeutet auch eine Trennung. Denn mit einer Entscheidung beziehen wir Stellung – für und gegen etwas – und übernehmen dafür selbst die Verantwortung.

Wir haben die Wahl

Wir treffen jeden Tag etliche Entscheidungen, viele davon sind eher profan und betreffen das reine Alltagsgeschehen. Bei solchen Entscheidungen helfen uns Gewohnheiten und Automatismen, sodass wir sie kaum bewusst wahrnehmen. Anders ist es bei Entscheidungen, bei denen wir uns weniger auf Erfahrungen berufen können und die Auswirkungen auf unser gesamtes Leben haben können. Auch solche Entscheidungen müssen getroffen werden, selbst wenn sie unangenehm sind. Bei diesen Entscheidungen haben wir zwei Optionen: Wir können es uns bequem machen und den Weg des geringsten Widerstands gehen oder wir treffen eine mutige Entscheidung.

An den Punkt einer folgenschweren Entscheidung angelangt läuft es letztlich immer wieder auf eine Frage von bequem oder mutig hinaus: Wenn jemand etwas von mir möchte, das mir gar nicht behagt, kann ich bequem reagieren und zu allem widerwillig ja sagen – oder eben mutig sein und meinen eigenen Standpunkt verdeutlichen. Jeder von uns kann sich mit seiner beruflichen oder privaten Situation auch dann zufriedengeben, wenn diese Situation schon lange nicht mehr befriedigend ist – oder eine mutige Entscheidung treffen und neue Wege gehen. Fehlt dieser Mut und treffen wir eine bequeme Entscheidung, haben wir es kurzfristig vielleicht einfacher, dafür ernten wir auf Dauer Frust und Stillstand.

Viele Menschen sind mit ihrer Situation unzufrieden und wissen dabei genau, dass sich etwas ändern müsste. Doch sie warten, dass sich von selbst eine Lösung findet, statt aktiv und selbstbestimmt eine klare Entscheidung zu treffen. Das ist der bequeme Weg. Die mutige Variante wäre es, sich selbst ins Bewusstsein zu rufen, dass man diesen Zustand nicht länger ertragen und deshalb die nötigen Konsequenzen ziehen will. Schließlich geht es um das eigene Leben und viel kostbare, unersetzliche Lebenszeit.

Paradoxerweise ist es der vermeintlich bequeme Weg, der auf Dauer die meiste Kraft und Energie kostet, während mutige Entscheidungen vieles vereinfachen können und eine Voraussetzung für persönliche Zufriedenheit sind. Ich bin überzeugt, dass die unzähligen kleinen und großen Kompromisse, die wir immer wieder eingehen, uns letztlich weitaus stärker belasten als mutige Entscheidungen.

Worauf warten Sie noch?

Trauen Sie sich, die Entscheidungen zu treffen, die Ihr Leben in die Richtung lenken, die zu Ihnen passt! So viele Menschen sind nicht in der Lage, die wirklich wichtigen Entscheidungen zu treffen und kommen deswegen im Leben nicht vorwärts. Sie haben immer Ausreden parat, warum sie noch nicht so weit sind oder warum die Zeit noch nicht reif ist. Wie lange wollen Sie warten?

Dadurch, dass die Uhr weiter tickt, wird die Entscheidung sicher nicht einfacher. Es werden nur wieder Monate oder Jahre vergehen, bis man erneut spürt, dass man noch immer an der gleichen Stelle steht wie bereits vor langer Zeit. Natürlich, wir alle sind sehr gut darin, alle möglichen Gründe zu (er)finden, die dafürsprechen, Entscheidungen und Handlungen erst einmal zu vertagen. Doch die meisten Gründe sind bloß Ausreden und damit nichts anderes als Selbstbetrug.

Dabei ist es letztlich ganz einfach, sich aus diesem Dilemma zu befreien:

- Überlegen Sie sich, an welchen Stellen Ihres Lebens Sie bislang nicht weitergekommen sind, obwohl Sie etwas ändern wollen.
- Entwickeln Sie dazu mehrere Handlungsoptionen, welche die Situation verändern würden.
- Wählen Sie die Option, die sowohl zu Ihnen selbst als auch zur Lösung der Situation am besten passt.
- Treffen Sie unwiderrufliche Entscheidungen!

Konsequente Entscheidungen sind das wirksamste Gegenmittel gegen bequeme Ausreden. Und wenn Ihnen an dieser Stelle wieder Befürchtungen und Risiken in den Sinn kommen, denken Sie daran, dass ausgerechnet das Abwarten und Nichtentscheiden letztlich doch das größte Risiko bedeutet. Denn damit steht von vornherein fest, dass eine unbefriedigende Situation weiterhin unbefriedigend bleiben wird. Die konsequente Entscheidung bietet dagegen echte.

Reflexionsfragen
- In welchen Situationen verhalten Sie sich bequem?
- In welchen Situationen möchten Sie mutiger sein?
- Was würden Sie unternehmen, wenn Sie keine Angst hätten?
- Was hält Sie davon ab, diese Angst endlich zu überwinden?
- Welche Entscheidungen ohne Auffangnetz könnten Sie treffen, obwohl Sie es nicht tun?
- Was würde sich in Ihrem Leben verändern, wenn Sie mutige Entscheidungen treffen würden?
- Warum treffen Sie diese Entscheidungen nicht – worauf warten Sie noch?

Souverän entscheiden

Wir alle kommen immer wieder in Situationen, die uns schwierige Entscheidungen abverlangen. Doch manchmal wollen wir uns gar nicht entscheiden, schon gar nicht jetzt und heute. Stattdessen wollen wir lieber alles beim Status quo belassen. Bei unbedeutenden Entscheidungen ist das nicht weiter dramatisch. Allerdings haben wir auch bei Entscheidungen mit weit größerer Tragweite oft das gleiche Problem, womöglich sogar in noch stärkerer Ausprägung. Obwohl wir längst spüren, dass eine Veränderung erforderlich ist, belassen wir alles doch lieber so, wie es ist, statt uns in ein Wagnis zu stürzen. Was man hat, das hat man. Wozu sollten wir etwas riskieren und den behaglichen Istzustand aufs Spiel setzen? Dieser Gedanke hindert uns daran, klare Entscheidungen zu treffen.

Woran wir dabei jedoch nicht denken: Letztlich ist es unmöglich, nicht zu entscheiden. Denn auch die Entscheidung, etwas nicht oder erst später zu entscheiden, ist bereits eine Entscheidung, wenn auch meist nicht die beste. Entscheidungen zu vertagen ist deshalb nur dann sinnvoll, wenn noch Informationen fehlen oder wenn man noch etwas Zeit braucht, um sich der eigenen Meinung bewusst zu werden. In allen anderen Fällen ist das Abwarten keine probate Lösung.

 Die größte Fehlentscheidung ist,
sich gar nicht zu entscheiden.

Zwar ist die Sorge vor Fehlentscheidungen nur zu verständlich. Das ändert nichts daran, dass eine Entscheidung schlichtweg notwendig ist. Und wenn keine Entscheidung getroffen wird, ist das letztlich eben auch eine Entscheidung. Die größte Fehlentscheidung ist, sich gar nicht zu entscheiden. Sie bekommen beispielsweise ein Jobangebot, können sich jedoch nicht entscheiden. Wenn Sie einfach abwarten, ist die Frist irgendwann abgelaufen und die Gefahr groß, dass Sie sich ärgern werden, weil Sie sich weder bewusst für noch bewusst gegen etwas entschieden haben. Am Ende bleiben Sie unzufrieden zurück. Wenn wir abwarten, besteht die Gefahr, dass früher oder später andere für uns entscheiden, womit wir unsere Selbstbestimmung aufgeben und nicht mehr selbst entscheiden, in welche Richtung wir uns bewegen.

Die Grenzen der Logik

Es muss also eine Entscheidung gefällt werden. Nur wie? Es gilt als besonders klug, durch Abwägen, logisches Nachdenken und mithilfe der Vernunft zu einer Entscheidung zu gelangen. Alle weitreichenden Entscheidungen sollen rational begründet sein. Dahinter steckt die Ambition, möglichst alles steuern und planen zu können. Wer rationale Entscheidungen fällt, behält die Kontrolle, so die Hoffnung. Das

Problem ist nur: Strategische Entscheidungen liegen oft voll daneben. Man trifft eine überaus vernünftig erscheinende Wahl und stellt später fest, dass ein wichtiger Punkt nicht mitbedacht wurde. Man wägt genauestens ab, doch dann zeigt sich die Realität von einer anderen Seite. Oder man macht etwas, dass theoretisch geradezu perfekt sein müsste, was in der Praxis allerdings so gar nicht den Erwartungen entspricht.

Wir können uns das Hirn zermartern, abwägen und in jeder Hinsicht vernünftig entscheiden. Doch nützt das manchmal alles nichts. Die Welt und unsere Leben sind derart komplex, dass es einfach nicht möglich ist, jede Eventualität mit in die Rechnung einzubeziehen. Sie entscheiden sich beispielsweise dafür, in eine neue Wohnung umzuziehen und haben zuvor alles bedacht, die Finanzen gut kalkuliert, sich die Räume genauestens angesehen und sogar die anderen Bewohner des Hauses unter die Lupe genommen. Doch Sie können nicht wissen, ob Ihre sehr freundlichen neuen Nachbarn ihrerseits bald umziehen werden und dass stattdessen andere Nachbarn einziehen werden, die überhaupt nicht nach Ihrem Geschmack sind. Und genau diese Einsicht, dass niemand jede nur denkbare Variable in das Denken einbeziehen kann, ist zwar ernüchternd, jedoch hilfreich. Wir können nicht alles steuern und uns deshalb auch nicht allein auf die Vernunft verlassen. Was für uns persönlich gut und richtig ist, lässt sich nicht berechnen, und längst nicht alles lässt sich rational begründen oder mit mathematischer Präzision erklären.

Natürlich ist es ratsam, sich das Für und Wider genau anzuschauen, um abwägen zu können, wofür man sich entscheidet. Doch auch diese Methode hat zwei große Nachteile: Insbesondere sehr gründliche Analysen einer Situation kosten Zeit. Und ein längeres Abwägen führt nicht zwangsläufig zu einer besseren Entscheidung. Im Gegenteil. Schnell ist der passende Augenblick für eine Entscheidung überschritten. Vor allem dann, wenn sich bei der Analyse immer mehr Informationen anhäufen.

Tatsächlich sind genau diese vielen Informationen das Problem: Mit unserem Denken kommen wir nicht weiter, wenn wir zu viele Informationen haben, und auch dann nicht, wenn wichtige Informationen fehlen. Obendrein wissen wir eben nicht, welche der fehlenden Informationen (wir kennen sie ja nicht) wichtig sein könnten. Hier stößt die Logik an ihre Grenzen. Wir vertrauen der Vernunft und dem rationalen Denken, weil wir glauben, auf diese Weise objektive Entscheidungen treffen zu können. Doch selbst die Vernunft ist im höchsten Maße subjektiv und von der Perspektive abhängig: Ein Konzern, der beschließt, etliche Mitarbeiter zu entlassen, weil die Umsätze stark zurückgegangen sind, handelt genauso vernünftig wie der Gewerkschaftler, der einen Streik gegen diese Entlassungen organisiert.

Hinzu kommt eine weitere Kuriosität: Selbst wenn wir eine vernünftige, am besten sogar die vernünftigste aller möglichen Entscheidungen fällen wollen – entscheiden wir uns letztlich doch eher selten vernünftig. Vielmehr haben wir die Tendenz, die aus gefühlsmäßigen oder sonstigen Gründen getroffenen Entscheidungen im Nachhinein vernunftmäßig zu begründen, das heißt, sie zu rationalisieren. Wir treffen also eine Entscheidung und überlegen uns dann, nachdem sie gefallen ist, welche logische Gründe dafür sprechen, obwohl es sich ursprünglich um eine emotionale Entscheidung handelte.

Niemand, so ist zu hoffen, würde beispielsweise die Partnerwahl von der Vernunft abhängig machen. Vielfach widerspricht sie gar allen Regeln der Vernunft. Vertrauen, Sympathie, Zuneigung und Aspekte, für die sich kaum die richtigen Begriffe finden lassen, sind hier weitaus wichtiger als reine Fakten. – Und wir fahren letztlich gut damit.

Mit Logik und Vernunft allein kommen wir bei der Entscheidungsfindung also oft nicht sehr weit. Oder wir gaukeln uns vor, rein rational entschieden zu haben, obwohl letztlich doch eher der Bauch entschieden hat. Deshalb ist die Mischung aus Bauch und Verstand die beste Basis für Entscheidungen. Wer nur die rationale Seite einer Entscheidung sieht, verheddert sich schnell beim Abwägen der Vor- und Nachteile oder der Argumente und Gegenargumente und wird unentschlossen oder sogar entscheidungsunfähig. Die Situation wird so lange überdacht und hinterfragt, bis gute Gelegenheiten schließlich ungenutzt vorübergezogen sind oder die Situation inzwischen eine andere geworden ist. Deshalb setzen andere lieber auf ihre Intuition. Doch gerade wenn es an Erfahrungen mit ähnlichen Situationen mangelt, kann das Bauchgefühl trügen.

Leichter entscheiden

Sie minimieren das Risiko einer Fehlentscheidung, wenn sowohl Ihr Verstand als auch Ihre Intuition zu der gleichen Bewertung kommen. Solange hier ein Widerspruch besteht, fragen Sie sich einfach, ob Sie Alternativen übersehen haben und welche Bedenken genau hinter Ihren Zweifeln stecken könnten. Klären Sie Ihre Zweifel auf und erkunden Sie die Alternativen, bis Verstand und Intuition der gleichen Meinung sind. Wenn Sie diese Vorgehensweise trainieren, indem Sie sie immer wieder anwenden, können Sie schneller und leichter entscheiden.

Was oft vergessen wird: Wenn eine Entscheidung ansteht, die unser Leben verändern kann, gibt uns das Leben fast immer Signale, manchmal sogar den berühmten Wink mit dem Zaunpfahl: Wer beispielsweise beruflich schon lange unzufrieden ist, findet sich plötzlich in den Stellenanzeigen lesend wieder. Oder er trifft jemanden, der begeistert davon erzählt, gerade einen beruflichen Neuanfang gemacht zu haben. Oder man träumt im Schlaf von einem völlig neuen

Berufsleben. Solche Signale können subtil und von verschiedenster Art sein, sie sind jedoch – für die, die sie sehen wollen – überdeutlich. Wenn wir eine kleine Stimme in uns vernehmen, die uns sagt, dass etwas Neues passieren soll, kann es nur richtig sein, dieser Stimme zuzuhören. Ich selbst versuche immer, auf diese innere Stimme zu hören – oder sie zumindest doch anzuhören. Und wenn ich die ersten Entscheidungen treffe, weiß ich innerlich, dass ich auf dem richtigen Weg bin, weil ich den intuitiven Impulsen folge. Das fühlt sich gut und folgerichtig an – und die tausend Fragen dazu, wie vernünftig das jetzt alles ist, spielen nur noch eine Nebenrolle.

Weil jede Entscheidung einzigartig ist, gibt es auch kein Patentrezept für das richtige Entscheiden, wohl aber Erfahrungswerte für eine möglichst gute Entscheidung. Das Wichtigste ist, sich die eigene Entscheidungsfähigkeit zu erhalten. Denn wer keine Entscheidungen trifft, über den wird entschieden. Und das ist die denkbar schlechteste aller Möglichkeiten. Wenn wir wissen, warum und wofür wir etwas machen, fallen Entscheidungen leichter. Natürlich bleibt jede Entscheidung ein Wagnis. Deshalb brauchen wir den Mut zu Risiken und Fehlern. Und Fehlentscheidungen lassen sich nie völlig vermeiden. Doch wer sein Leben selbst leben will, muss auch selbst entscheiden. Treffen Sie die Entscheidungen, die rational richtig erscheinen, zu denen Sie jedoch persönlich stehen können. Dann haben Sie die richtige Wahl getroffen.

Reflexionsfragen

- Welche Entscheidungen drängen sich bei Ihnen regelrecht auf?
- Welcher Druck hat sich aufgebaut, der geradezu danach schreit, abgebaut zu werden?
- Welche Sehnsüchte spüren Sie in sich, die Sie lange unterdrückt haben?
- Was hindert Sie daran, rasch eine Entscheidung zu treffen?
- Was passiert, wenn Sie keine Entscheidung treffen?

6.

Die Lücke zwischen Wunsch und Wirklichkeit

Das Streben danach, die Person zu sein, die man wirklich sein möchte, endet nicht in einem bestimmten und zu konservierenden Zustand, sondern mündet in einen immerwährenden Prozess. Denn die Welt, unser Umfeld und wir selbst verändern uns stetig, weshalb sich auch das souveräne Ich kontinuierlich weiterentwickelt. Vor Veränderungen keine Angst zu haben und Entscheidungen treffen zu können, wie wir es in den beiden vorangegangenen Kapiteln erläutert haben, ist deshalb unverzichtbar für Menschen, die ihren eigenen Weg gehen und zu ihrem souveränen Ich finden wollen.

Ein starker Motor der persönlichen Weiterentwicklung sind die eigenen Wünsche, Ziele und Visionen. Mit ihnen entwerfen Menschen Szenarien davon, wie ihre Zukunft aussehen soll, und definieren zugleich, welcher Mensch sie sein wollen. Sie richten damit ihren Blick über die Gegenwart hinaus auf die Zukunft und antizipieren so bereits ihren eigenen Weg. Mit Zielen, die Sie selbst entwickeln, können Sie selbstbestimmt und eigenverantwortlich entscheiden, welche Richtung Ihr Lebensweg einschlagen soll und welche Stationen Sie auf diesem Weg passieren wollen. So ebnen Sie sich selbst Ihren Weg durch den Wirrwarr der unendlichen Möglichkeiten und laufen nicht Gefahr, nur von den Umständen getrieben zu werden und von einem Zufall zum anderen zu stolpern.

Ein großer Sprung

Wenn wir hier überschwänglich von Visionen, Wünschen und Zielen sprechen, dürfen wir jedoch den Realismus nicht vergessen. Wir brauchen ihn nämlich. Er sorgt dafür, dass Wunsch und Wirklichkeit nicht zu weit auseinander liegen und dass wir überhaupt die Chance haben, die Kluft dazwischen zu überwinden. Das ist wichtig, weil eine zu große Lücke zwischen Istzustand und Sollzustand uns entmutigen und davon abhalten kann, unsere Ziele ernsthaft anzugehen und sie schließlich zu erreichen. Nur wenn ein Ziel grundsätzlich erreichbar erscheint, sei es auch über einige Etappen hinweg oder mit einigen Umwegen, motiviert es uns.

Wenn die Kluft zu groß ist

Im Amerikanischen sprechen Coachs und Berater häufig von „gap". Der Begriff bezeichnet die Lücke, die Differenz, den Graben oder eben die Kluft zwischen dem Ist- und dem Idealzustand, zwischen Wunsch und Wirklichkeit. Diese Kluft kann entweder stark motivieren oder genauso vehement demotivieren. Letzteres geschieht vor allem dann, wenn der Abstand zwischen dem aktuellen und dem angestrebten Zustand viel zu groß ist.

> » *Wer als Anfänger von heute auf morgen Chopin-Etüden spielen will, wird bald frustriert mit dem Klavierüben aufhören.*

Wenn zum Beispiel jemand in seinem Leben noch kein einziges Buch geschrieben hat und sich dann vornimmt, in einem Jahr ein Standardwerk zu seinem Thema zu verfassen, ist die Wahrscheinlichkeit sehr hoch, dass diese Person scheitert. Jemand, der sich vornimmt, in kurzer Zeit zwanzig Kilogramm abzunehmen, überfordert sich selbst und wird sein Ziel nie und nimmer erreichen und es vermutlich gar nicht ernsthaft versuchen. Oder wenn ein Klavieranfänger zum Ziel hat, innerhalb von ein paar Monaten Etüden von Chopin zu spielen, wird auch diese Kluft im Normalfall unüberwindbar bleiben und mit höchster Wahrscheinlichkeit demotivierend wirken. Viele meiner Coaching-Klienten ärgern sich über sich selbst, weil sie es nicht schaffen, ein besonders ambitioniertes Ziel innerhalb eines engen Zeitraums zu erreichen. Dabei ist jedoch gar nicht das Ziel an sich unpassend ausgewählt, sondern die „gap" war einfach zu groß.

Wenn die Lücke uns anspornt

Andersherum kann diese Lücke ein riesiger Ansporn sein, wenn sie überwindbar erscheint und man daran glaubt, den Sprung bis zur gegenüberliegenden Kante zu schaffen. – Das heißt nun zum Glück nicht, dass wir uns nur kleine Ziele setzen und unsere Visionen und Wünsche lieber etwas „herunterkochen" sollen. Es heißt aber: Wer eine große Kluft überspringen will, sollte dafür sorgen, dass es zwischendrin ein paar Zwischenstopps gibt, die das Vorhaben in realistische Etappen aufteilen. So erhöht man die Chance enorm, motiviert und im Handlungsmodus zu bleiben und den gewünschten Zustand tatsächlich zu erreichen.

Eine Fremdsprache zu lernen gelingt zum Beispiel einfach besser, wenn man Schritt für Schritt kleine Lerneinheiten durcharbeitet und festigt, anstatt sich mit dem überfordernden Durchpauken eines ganzen Lehrbuches zu quälen. Und auch im Business ist es hilfreich, große Abstände zwischen Istzustand und Sollzustand in überschaubare und machbare Einheiten zu zerlegen. Niemand richtet sein Unternehmen über Nacht komplett neu aus und erobert im Handumdrehen einen neuen lukrativen Markt. Dazwischen liegen etliche Meilensteine, die geschafft werden wollen. Wer diese Meilensteine klar benennt, für jeden Abschnitt eine konkrete Vorgehensweise entwickelt und das alles noch in realistische Zeitpläne packt, der hat gute Chancen, am Ende die große Lücke zum Sollzustand übersprungen zu haben.

» *Auch große Wünsche und Ambitionen sind erlaubt – und wichtig! Es braucht jedoch einen machbaren Weg dorthin.*

Das klingt vielleicht etwas trivial. Doch diese Einsicht ist wichtig, damit wir uns auch die großen Visionen und Wünsche erlauben, anstatt sie von vornherein als unrealistisch abzutun. Damit schaffen wir nämlich Raum für neue Perspektiven, für ehrgeizige Ambitionen, für grenzenloses und alternatives Denken und letztlich für die volle Entfaltung des souveränen Ichs.

Die Lücke zwischen Ist- und Sollzustand realistisch einschätzen

Die Lücke zwischen Wunsch und Wirklichkeit kann also zu groß sein. Doch wo beginnt „zu groß"? Und beginnt es für jeden am selben Punkt? – Die Antwort auf die zweite Frage ist einfach: Nein, sie beginnt nicht für jeden am selben Punkt. Diese Einordnung ist jeweils sehr verschieden, weil sie natürlich mit den individuellen Fähigkeiten, den persönlichen Eigenschaften und der Ausgangsposition eines Menschen zu tun hat. Für einen musikalisch begabten und gleichzeitig sehr fleißigen, begeisterungsfähigen und ehrgeizigen Menschen ist so eine Chopin-Etüde natürlich deutlich weniger weit entfernt als für jemanden, der sich überhaupt erst einmal an die Musik herantasten muss und dessen Durchhaltewille und Fleiß nicht besonders stark ausgeprägt sind.

Deshalb kann letztlich nur jeder für sich selbst herausfinden, ob Wunsch und Wirklichkeit zu weit auseinander liegen oder ob die Lücke mit ein paar (oder auch mit ein paar mehr) Sprüngen doch noch zu überwinden ist. Was daher alle Menschen gleichermaßen brauchen, ist ein ausgeprägtes Beurteilungsvermögen. Diese Kompetenz ist vor allem deshalb so entscheidend, weil sie dabei hilft, auch solche Situationen zu beurteilen, in denen man nicht alles schon ganz genau weiß und konkret vorhersehen kann. Menschen mit einem guten Beurteilungsvermögen stützen sich nämlich zusätzlich zu vorhandenem (Fakten-)Wissen auf ihren persönlichen Erfahrungs- und Wertehintergrund, um Situationen zu beurteilen und Lösungswege zu finden. Sie kennen sich selbst und ihre Fähigkeiten und Eigenschaften und können realistisch einschätzen, was funktioniert und was nicht, was sie bewältigen können, wo ihre Schwächen liegen und an welchen Stellen es schwierig werden könnte.

Den Sollzustand nicht verklären

Problematisch ist jedoch nicht nur eine unüberwindliche Lücke zwischen Ist- und Sollzustand, sondern auch wenn der Sollzustand ein Trugbild ist, eine Illusion, ein konstruiertes und unrealistisches Wunschbild. Dann gelingt es zwar vielleicht, diesen Wunsch zu verwirklichen. Doch am Ende stellt sich heraus, dass dieser realisierte Sollzustand nicht das ist, was man sich vorgestellt hatte, als es sich dabei noch um einen Wunsch handelte. – Dieses Problem begegnet mir als Coach erstaunlicherweise recht häufig. Zum Beispiel dann, wenn Menschen sich vorgenommen haben, ihre Berufung zum Beruf zu machen.

> **»** *Es ist wichtig, die eigenen Wünsche und Ambitionen mit klarem Blick zu betrachten und nicht durch eine rosarote Brille.*

Heutzutage ist oft die Rede davon, man würde ja seine Berufung ausleben, wenn man sich die richtige Aufgabe aussucht, und dann hätte das Berufsleben nichts mehr mit Arbeit zu tun, sondern wäre die reinste Erfüllung. So wird mir selbst zum Beispiel ziemlich oft gesagt: Du arbeitest ja gar nicht, du hast ja Spaß an dem, was du tust. – Einerseits stimmt das natürlich und andererseits stimmt es überhaupt nicht.

„Wenn du liebst, was du tust, wirst du nie wieder in deinem Leben arbeiten." Dieser Sinnspruch, der Konfuzius zugeschrieben und inzwischen leider bis zum Überdruss wiedergekäut wird, kursiert mittlerweile überall. Er soll Menschen dazu animieren, ihre Berufung auszuleben. In vielen Fällen endet das allerdings in einem bitteren Fiasko, weil es nicht immer einen Markt für die eigene Berufung gibt oder weil die Menschen merken, dass die Berufung ohne harte Arbeit nicht den Lebensunterhalt finanziert.

Ich kenne etliche Beispiele von Menschen, die ihrer Berufung folgen – und keine Chance haben, damit auch nur annähernd genug Geld zu verdienen. Musiker, die als IT-Spezialisten, Broker, Anwälte oder Model arbeiten, weil sie von Konzerten und Aufnahmen nicht leben können. Coachs und Speaker, die für ihren Lebensunterhalt in einer Immobilienfirma arbeiten, in Arztpraxen oder im Vertrieb von Nahrungsergänzungsmitteln. Promovierte Historiker, die als Reiseführer arbeiten, weil die Berufung nicht für das nötige Einkommen sorgen kann. Und wie viele Anwälte, Studierte diverser Fachrichtungen fahren in Berlin nebenbei Taxi, weil sie von ihren ursprünglichen Berufen nicht leben können?

Und genauso viele kenne ich, bei denen die Berufung mit überaus harter Arbeit einhergeht. Das schöne Bild von einem Berufsalltag, der nur Spaß macht und sich überhaupt nicht wie Arbeit anfühlt, hat nämlich mit der Realität rein gar nichts zu tun. Eine Freundin, die eine begnadete Pianistin ist und Finalistin bei dem schwersten Wettbewerb der Welt war, sagte mir neulich: „Sei froh, dass du nicht Pianist geworden bist. Es ist ein schreckliches Leben. Du stehst immer unter einem enormen Druck." Dennoch spielt sie jedes Mal grandios und macht es voller Leidenschaft. Auf eine Frage von mir antwortete sie vor einiger Zeit: „Was soll ich machen? Ich kann nichts anderes."

Ist mein Beruf auch meine Berufung?
Die Frage habe ich mir in den letzten Monaten sehr oft gestellt. Die erste Antwort war: Ja. – Ich habe mich vor mehr als zwanzig Jahren für diesen Weg entschieden, ich konnte meine Talente entwickeln und entfalten und den Menschen einen hohen Nutzen bieten. Ich habe mich aus freien Stücken selbstständig gemacht und es war mein innerster Wunsch, Trainer, Coach und Speaker zu werden. Ich habe mein Bestes gegeben, ich habe viele meiner Ziele erreicht, ich erfinde mich ständig neu, arbeite zu 95 Prozent mit meinen Wunschkunden zusammen. Mit dem, was

ich tue, verdiene ich auch gutes Geld, weil ich besser bin als viele, weil ich meinen Kunden einen großen Nutzen biete, den sie honorieren. Ich treffe wunderbare Leute. Klienten vertrauen mir. Sie wertschätzen meine Arbeit. Ich habe traumhafte Arbeitsbedingungen, kann mir meine Reisen finanzieren.

Von außen betrachtet scheint meine Berufung mich zum Erfolg geführt zu haben.

Doch ist mein Beruf wirklich meine Berufung? Ich bin alles andere als sicher. Und mit zunehmendem Alter immer unsicherer in dieser Frage. Das hat überhaupt nichts mit Demotivation zu tun. Meine aktuelle Situation ist die Folge des Lebensentwurfs, für den ich mich vor vielen Jahren entschieden habe. Mein Leben ist das Ergebnis meiner Entscheidungen. Das hat mit Berufung wenig zu tun. Würden sich die Lebensumstände ändern, kann es sein, dass ich etwas anderes machen würde. Große neue Liebe, Musikbetrieb in New York ... Es könnte durchaus sein, dass ich übermorgen Agent meiner großen Liebe in New York werde. Neue Liebe, neues Glück. Hätte ich dann meine Berufung verraten? Was wäre dann mit meiner Berufung? Hätte ich dann keine mehr?

Wenn ich absolut ehrlich zu mir bin, weiß ich, dass ich – wäre ich heute wieder 20 Jahre alt – nicht noch einmal Trainer und Coach werden würde. Ich würde mit Sicherheit andere Entscheidungen treffen, ein Konservatorium besuchen und Pianist werden wollen. Das wäre meine Berufung. Diese Berufung habe ich mir nun vorbehalten für mein nächstes Leben.

Jedem, der mir davon erzählt, er habe das Ziel oder den Wunsch, seine Berufung zum Beruf zu machen, stelle ich deshalb erst einmal sehr hartnäckig sehr viele Fragen. Ich will herausfinden, ob seine Vision eine Illusion ist oder ob er einen klaren Blick auf die Realitäten hat. – Ja, einige Menschen habe ich dadurch desillusioniert. Einigen habe ich damit die Augen geöffnet. Doch einige habe ich auch in ihrem sehnlichsten Wunsch bestärkt. – Sie wussten genau, worauf sie sich einlassen würden. Sie hatten eine klare und realistische Vorstellung von dem, was sie erwarten und wie hart es werden würde. Und dennoch wollten sie nichts anderes.

Nutzen Sie Ihre wahre Kernkompetenz

Wir können vieles, nahezu alles ausprobieren. Wir können ausloten, ob dieses oder jenes zu uns passt. Und natürlich ist es ein Ansporn, sich ständig neue Ziele zu setzen. Allerdings bringt es wenig, alles Mögliche zu beginnen und nichts zu Ende zu bringen. Das gilt insbesondere für den Beruf. Wenn hier die Lücke zwischen Wunsch und Wirklichkeit zu groß ist, kann das zu einer bitteren Erfahrung werden, die obendrein völlig unnötig ist. Einige der beruflich erfolgreichsten Menschen, die ich in meinem Leben kennengelernt habe, sind Menschen, die in der Lage sind, sich auf ein Thema, eine Tätigkeit oder ein Gebiet zu konzentrieren. Und das über einen längeren Zeitraum, manchmal über Jahre und Jahrzehnte hinweg. Die Expertise wächst bekanntlich mit der Konzentration.

Wer jedoch ständig zwischen verschiedenen Tätigkeiten wechselt, kann sich auf seine Haupttätigkeit nicht konzentrieren. Auch wenn es hart ist: Die Folge ist dann Dilettantismus auf allen Gebieten, nicht nur auf den neuen, sondern eben auch auf dem ehemaligen Kerngebiet. Ein Musiker hat einmal gesagt: „Wenn ich einen Tag nicht übe, merke ich es. Wenn ich zwei Tage nicht übe, merken es meine Freunde. Wenn ich drei Tage nicht übe, merkt es das Publikum." Bei unseren eigenen Professionen ist es nicht anders. Wir können eben nicht auf allen Hochzeiten tanzen. Das Geheimnis der Meisterschaft liegt vielmehr darin, sich auf etwas zu konzentrieren. Das setzt ständige Übung und damit Disziplin voraus.

So viele Menschen glauben, sich in Bereichen ausprobieren zu müssen, die ihnen einfach nicht liegen. Sie wechseln den Beruf, obwohl sie in dem, was sie bislang gemacht haben, exzellent sind. Vor allem ist es manchmal nicht zu fassen, warum diese Tausendsassas sich das selbst antun. Wenn jemand ein exzellentes Feinkostgeschäft hat, das seit dreißig Jahren gut etabliert ist und wunderbare Umsätze abwirft, ist es ziemlich kurzsichtig, zum Beispiel Life-Coach werden zu wollen – zumal dann, wenn die persönliche Begabung überhaupt nicht zu diesem Berufsbild passt. Es ist selten so, dass die Welt nur darauf gewartet hat, dass noch ein unbegabter bis allenfalls mittelmäßiger Anbieter hinzukommt.

Wer in seinem Beruf fest im Sattel sitzt, hat natürlich etliche Möglichkeiten, etwas zu ändern. Auf ein neues Pferd zu setzen, ist in sehr vielen Fällen jedoch keine gute Idee. Wer sich freiwillig in einen hart umkämpften Markt begibt, wenn sowohl das Wissen als auch alle anderen nötigen Kompetenzen fehlen, kann das kaum gutgehen. Viele Menschen verkennen allzu schnell, wie gut sie in dem sind, was sie machen und wie schlecht und sogar lächerlich sie in dem Bereich sind, in dem sie sich oft hoffnungslos ausprobieren.

In dem Bereich, in dem sie sich ausprobieren, bleiben sie ewige Dilettanten und werden das auch zu spüren bekommen. In dem Bereich, in dem sie extrem gut und exzellent positioniert sind, verlieren sie zunehmend an Attraktivität und an Profil, weil sie plötzlich Dinge tun, die nicht zu ihrer Kernkompetenz passen. Das führt dazu, dass die Konzentration völlig abhandenkommt, dass sich Fehler einschleichen, dass sie unzuverlässig und schließlich unprofessionell werden. Am Ende steht dann die völlige Desillusion.

Wenn ich als Kunde einen Auftrag zu vergeben habe, suche ich einen Profi. Das darf ruhig etwas kosten, doch dafür will ich keinen Amateur, der zwar alles, jedoch nichts richtig macht. Die Spezialisierung ist im Beruf ein Wettbewerbsvorteil, der durch die geballte Expertise des Anbieters entsteht. Zerstreuung und Ablenkung führen auf Dauer nur zu Unzuverlässigkeit und Kundenverärgerung. Es bringt also nichts, sich beruflich in Bereichen auszuprobieren, die weder zum eigenen Erfahrungsschatz noch zu den eigenen Kompetenzen passen. Am Ende werden stets die wahren Spezialisten die Gewinner bleiben, auch deswegen, weil all die Amateure früher oder später ihren Platz wieder kleinlaut räumen müssen. Rufen Sie sich daher Ihre Kernkompetenzen immer wieder ins Bewusstsein. Das schützt Sie davor, impulsiv falsche (berufliche) Entscheidungen zu treffen.

Reflexionsfragen
- Was hilft Ihnen dabei zu beurteilen, ob die Lücke zwischen Wunsch und Wirklichkeit zu groß oder zu bewältigen ist?
- Wann empfinden Sie eine Lücke als Ansporn und ab welchem Punkt demotiviert sie Sie?
- Bei welchen Ihrer Wünsche oder Ziele ist die Kluft zwischen Ist- und Sollzustand sehr groß oder sogar unüberwindbar?
- Was könnten Sie jeweils ändern, um die Kluft zu verringern?
- Stehen Sie Ihren Ambitionen vielleicht manchmal selbst im Wege, indem Sie eine Sache vorschnell als „unrealistisch" abtun?
- Haben Sie einen klaren Blick auf Ihre Wünsche, Ziele und Ambitionen oder sehen Sie Ihre Visionen durch eine rosarote Brille?
- Was ist Ihre Kernkompetenz?

Ein Blick in die Zukunft

Mit ihren Wünschen und Ambitionen blicken Menschen in eine Zukunft, die sie selbstbestimmt und aktiv gestalten. Der Weg dorthin führt über konkrete Ziele, die den Wünschen und Visionen Gestalt geben. Diese konkreten Ziele sind es, die zum Handeln anregen, die Richtung weisen und für Motivation sorgen. Abstrakte Wünsche, Ambitionen oder Visionen können dies häufig nicht. Sie sind oft zu vage, zu umfassend oder zu komplex, um daraus fassbare Handlungsmöglichkeiten ableiten zu können. Handfeste Ziele hingegen zeigen, was man tun kann und welche Aufgaben zu lösen sind.

Setzen Sie sich gute Ziele!

» *Ziele sind das, womit Sie die Kluft zwischen Istzustand und Sollzustand überwinden können.*

Ziele sind das, womit Sie die Kluft zwischen Istzustand und
Sollzustand überwinden können. Schritt für Schritt oder
auch Sprung für Sprung. Damit das gelingt, brauchen Sie
Ziele, die zu Ihnen passen und wirklich das widerspiegeln,
was Sie erreichen wollen. Nur dann werden Sie einen echten
Plan und einen ausreichend langen Atem haben, um auch
ambitionierte Wünsche zu verwirklichen. Und nur dann
werden Sie auch bei Erreichen des Ziels die Belohnung der
Zufriedenheit und des persönlichen Erfolgs erleben. – Ziele,
die das leisten können, lassen sich nicht mal so eben aus dem
Ärmel schütteln. Hier braucht es eine systematische Herangehensweise und es gibt ein paar Eckpunkte, die es zu beachten gilt. Hier die wichtigsten:

Gute Ziele sind authentisch. Das heißt: Sie entspringen
Ihrem Selbst und sind nicht die Folge von Fremdbestim-
mung, von (vermeintlichen) Erwartungen anderer oder von
unreflektierten Denkmustern.

Gute Ziele sind präzise formuliert. Das heißt: Formulieren Sie Ihre Ziele eindeutig und so konkret wie möglich. Der
Wunsch darf vielleicht noch „Ich will die Welt erkunden"
heißen. Doch das Ziel dazu braucht eine konkrete Aussage,
zum Beispiel „Ich will im übernächsten Jahr zwei Monate
durch Asien reisen und drei Jahre später dann durch Süd-
amerika". – Erst mit einer Formulierung wie dieser zeigt sich
klar und deutlich, was für die Umsetzung erforderlich ist,
und vor allem, wann ein Ziel tatsächlich erreicht ist. Und
es entwickeln sich beinahe automatisch die dazu passenden
Teilziele: „Ich will Vietnam, Kambodscha und China sehen.
Und ich will Tokio und Seoul besuchen."

Gute Ziele sind positiv formuliert. Das heißt: Es geht nicht darum, was Sie nicht wollen, sondern darum, was Sie wollen.

Gute Ziele sind keine Massenware. Das heißt: Setzen Sie nicht zu viele Ziele und achten Sie darauf, dass die unterschiedlichen Ziele miteinander harmonieren und nicht gegeneinander arbeiten.

Gute Ziele sind realistisch. Das heißt: Setzen Sie sich durchaus ambitionierte Ziele, doch immer solche, bei denen Sie daran glauben, dass sie im Bereich des Möglichen liegen. Hochfliegende Träume, die niemals die Chance haben, verwirklicht zu werden, sind eine Weile lang vielleicht reizvoll, führen am Ende allerdings nur zu Frustration und Unzufriedenheit.

Gute Ziele liegen nicht zu weit in der Zukunft. Das heißt: Setzen Sie sich für Ihre Ziele einen überschaubaren zeitlichen Rahmen. Bei längerfristigen Zielsetzungen brauchen Sie Zwischenziele, um die Wegstrecke einzuteilen und um sich hin und wieder ein paar Erfolgserlebnisse zu verschaffen. Sonst stehen die Chancen schlecht, dass Sie bis zum Ende durchhalten. Und liegen die Ziele zu weit entfernt, fällt es schwer, sie nicht aus den Augen zu verlieren. Außerdem: Was nützt Ihnen ein großartiges Ziel in ferner Zukunft? Sie leben jetzt und hier!

Gute Ziele erreichen Sie aus eigener Kraft. Das heißt: Machen Sie die Verwirklichung Ihrer Ziele möglichst wenig von Dritten abhängig. Übernehmen Sie selbst die Verantwortung für das Erreichen oder Verfehlen Ihrer Ziele und übertragen Sie sie nicht auf andere oder auf die äußeren Umstände.

Gute Ziele lassen Raum für Flexibilität. Das heißt: Gerade bei längerfristigen Zielen kann es Unvorhersehbarkeiten geben, die sich Ihnen in den Weg stellen. Dann ist Flexibilität gefragt, damit Sie ausweichen können, ohne vollständig vom Pfad abzukommen.

Gute Ziele machen aus Beruf und Privatleben keine Konkurrenten. Das heißt: Beachten Sie die Wechselwirkungen zwischen Beruf und Privatleben, wenn Sie Ihre Ziele setzen. Vor allem sehr ambitionierte Ziele wirken häufig in beide Bereiche hinein und betreffen die Arbeit, die Kollegen und die Kunden ebenso wie die Familie, die Freunde – und vor allem die eigene Gesundheit.

Nehmen Sie sich Zeit und gehen Sie Ihr eigenes Tempo

Zu jedem konkreten Ziel gehört ein konkreter Zeitplan. Ein Zeitplan ist unerlässlich, weil die Arbeit an den eigenen Zielen sonst im Alltag schnell im Sande verläuft. Was mir jedoch immer wieder auffällt bei Klienten oder auch in meinem privaten Umfeld: Einige Menschen haben offenbar die Vorstellung, dass sie ein bestimmtes Ziel in der kürzest möglichen Zeit erreichen müssen, damit sie wirklich von einem Erfolg sprechen dürfen. Sie setzen sich selbst unter einen großen zeitlichen Druck, obwohl die meisten Ziele überhaupt nicht an Wert verlieren, wenn man sich dafür etwas mehr Zeit lässt.

Vor allem für Berufstätige ist es oft eine wahre Herkulesaufgabe, sich neben dem Beruf einer neuen Aufgabe zu widmen und ein ambitioniertes Ziel anzugehen, sich zum Beispiel ein neues Fachgebiet zu erschließen, sich weiterzubilden oder etwas Neues zu unternehmen. Das erlebe ich auch bei meinen Klienten immer wieder. Nicht wenigen passiert es, dass sie sich nach einiger Zeit von der Aufgabe überwältigt fühlen. Dann schieben sie es auf die Umstände oder machen sich selbst Vorwürfe und zweifeln an ihren eigenen Fähigkeiten.

Ich kann hier nur raten: Bleiben Sie dran, geben Sie nicht auf! Denn häufig scheitern solche Aufgaben nicht an den Fähigkeiten, sondern schlicht an der eingeplanten Zeit. Menschen scheitern oder glauben zu scheitern, weil sie eine unrealistische Vorstellung davon hatten, wie lange sie für den Weg zu ihrem Ziel brauchen werden.

Wenn Sie sich also überfordert fühlen, zweifeln Sie bitte nicht zuerst an Ihrem Vorhaben, sondern hinterfragen Sie den Zeitraum, den Sie gesetzt haben, und justieren Sie einfach neu. Möglicherweise sind Sie viel zu streng mit sich selbst gewesen. Ich verspreche Ihnen: Es kann unglaublich befreiend sein, sich einfach etwas mehr Zeit für die Erreichung eines Zieles zu gönnen. Erstens führt es zu sofortiger Entspannung. Und zweitens rückt das Ziel wieder in den Bereich des Machbaren, was überaus motivierend und schön ist.

Geben Sie sich die Möglichkeit, Ihren Erfolg in Ihrem Tempo zu erreichen. Lösen Sie sich von den Meinungen anderer und machen Sie Ihr Vorhaben nicht vom Urteil Ihres Umfeldes abhängig. Halten Sie sich an Ihr eigenes Tempo und gehen Sie Ihren Weg Schritt für Schritt, auch wenn es dann vielleicht etwas länger dauert.

Risikowahrnehmung und Sicherheitsdenken

So schön das mit den Wünschen, Ambitionen und Zielen auch klingt, es gibt etwas, das viele Menschen davon abhält, sich ambitionierte Ziele zu setzen, sich Wünsche zu erfüllen und über die Lücke zwischen Ist- und Sollzustand hinwegzuspringen: das vermeintliche Risiko, das mit der unbekannten zukünftigen Situation einhergeht. Die Beständigkeit und die Sicherheit, die uns das Bestehende und Gewohnte vermitteln, sind nicht zu unterschätzen. Wir lieben sie. Hier kennen wir uns aus, hier wissen wir, was passiert und wie wir uns verhalten sollen, wir werden nicht verunsichert und sehen keine Gefahr. Das empfinden wir als etwas Gutes, das wir erhalten möchten.

Doch mit neuen Zielen und Wünschen gehen wir ein Stück weit ein Risiko ein, weil wir uns in unbekannte Gefilde begeben, die uns verunsichern. Wir wissen nicht genau, was auf uns zukommt und wie es dann sein wird. Wir haben nicht mehr die volle Kontrolle darüber, was passieren wird. – Das alles beeinflusst sehr stark, wie wir mögliche Ziele und ihre Risiken wahrnehmen und ob wir letztlich bereit sind, diese Risiken einzugehen. Wie groß diese Risiken tatsächlich sind, spielt für unsere Einschätzung übrigens kaum eine Rolle.

» *Für die subjektive Einschätzung eines Risikos spielt das faktische Risiko keine Rolle.*

Ein wichtiger Aspekt hierbei ist das Gefühl der Kontrolle. Wenn Menschen das Gefühl haben, eine Situation entzieht sich ihrer Kontrolle, bewerten sie sie häufig als risikoreicher als Situationen, bei denen sie das Gefühl haben, sie könnten sie (zumindest teilweise) beeinflussen. Im letzteren Fall haben sie das Gefühl, dass nicht so schnell etwas schiefgehen kann, weil sie es ja schließlich selbst in der Hand haben. Wenn andere jedoch die Kontrolle haben, besteht eine große Unsicherheit darüber, ob alles gutgehen wird. – Auch dann, wenn die Fakten klar sagen, dass die anderen es in Wirklichkeit viel besser können als man selbst (weil sie zum Beispiel besser qualifiziert oder erfahrener sind).

Da die Einschätzung des Risikos also in höchstem Maße subjektiv ist, ist auch klar, dass ein und dieselbe Situation von unterschiedlichen Menschen unterschiedlich bewertet wird. Je nach konkreter Situation, persönlichen Erfahrungen und eigener Persönlichkeitsstruktur unterscheiden sich Wahrnehmung und Einschätzung hier teils erheblich. Ein erfahrener Globetrotter schätzt das Risiko, in einem bestimmten exotischen Land von giftigen Tieren verletzt zu werden, zum Beispiel anders ein als jemand, der seine erste Reise in einen fremden Kontinent plant und entweder aus Angst das Risiko überschätzt oder es aus Unwissenheit unterschätzt. Auch wenn die Fakten für beide Menschen die gleichen sind.

Außerdem wird die subjektive Einschätzung von Risiken in hohem Maße von eigenen Denkmustern und Vorurteilen beeinflusst. Die Risiken, die mit einem angestrebten Ziel einhergehen, werden oft niedriger eingeschätzt, wenn bereits viel Arbeit und viel Herzblut in das Erreichen des Zieles hineingeflossen sind. Auch so etwas wie Aberglaube, religiöse Überzeugungen oder Schicksalsgläubigkeit sowie eine besonders große oder geringe Aufmerksamkeit für eine bestimmte Situation können Einfluss darauf haben, wie das dazugehörige Risiko eingeschätzt wird.

» *Reflektieren Sie Ihre eigene Risikowahrnehmung.*

Es ist deshalb wichtig, die eigene Risikowahrnehmung und das eigene Sicherheitsdenken zu reflektieren und sich bewusst zu machen, dass subjektives Risikoempfinden und tatsächliches Risiko weit auseinander liegen können und dass wir oft sehr hartnäckig an dem Gefühl von Sicherheit festhalten. Um sich von der eigenen Risikowahrnehmung nicht täuschen zu lassen, versuchen Sie einfach, sich das tatsächliche Risiko einer Entwicklung oder einer zukünftigen Situation vor Augen zu führen. Reflektieren Sie darüber hinaus Ihre eigenen Vorurteile, Denkmuster und Gefühle, um zu einer möglichst realistischen und unbelasteten Risikoeinschätzung zu kommen. – Vielleicht ergeben sich auf diese Weise noch einmal neue Perspektiven für Sie, die Ihren Blick in die Zukunft noch weiter öffnen.

Reflexionsfragen

- Die persönlichen Ziele, die Sie derzeit verfolgen – passen sie wirklich zu Ihnen? Spiegeln Sie tatsächlich das wider, was Sie selbst erreichen wollen?
- Wirken auch äußere Einflüsse bei der Auswahl Ihrer Ziele auf Sie? Welche?
- Gab es Ziele, die Sie in der geplanten Zeit nicht erreicht haben?
- Setzen Sie sich selbst unter großen zeitlichen Druck, wenn Sie ein Ziel erreichen wollen?
- Welche Ziele haben Sie aufgegeben, weil Ihnen das Vorhaben zu riskant erschien? Ist das Vorhaben wirklich zu riskant?

7. Die innere Verpflichtung

Wünsche, Ziele und Ambitionen formulieren ist das eine, ihre Umsetzung das andere. Wir alle wissen, dass sich die Verheißung unserer Ziele nur einlösen kann, wenn wir etwas dafür *tun* und sie tatsächlich erreichen. Und wir alle wissen, wie schwierig und mühsam das sein kann.

Beharrlich und konsequent

Um unsere Ziele und Wünsche zu verwirklichen, brauchen wir daher nicht nur gute Ziele und einen guten Plan, sondern auch Selbstdisziplin und Durchhaltevermögen, also eine Art innere Verpflichtung gegenüber uns selbst und unseren eigenen Wünschen und Zielen. Die Herausforderung dabei: Selbstdisziplin und Durchhaltevermögen finden wir nur in uns selbst. Wir können sie uns nicht kaufen, nicht von jemandem borgen oder geschenkt bekommen, und wir können sie nicht simulieren oder vortäuschen. Auch günstige Umstände werden niemals allein dafür sorgen können, dass wir beharrlich und konsequent unsere Ziele verfolgen und umsetzen. Deshalb ist wieder das souveräne Ich gefragt, das die eigenen Ziele konsequent verfolgt und sich nicht davon ablenken lässt.

Fokus statt Ablenkung

Wir leben in einer Welt voller Möglichkeiten, voller Angebote, voller Ablenkungen. Es ist leicht, sich von den eigenen Zielen ablenken zu lassen, wir müssen dafür einfach nur nach links oder rechts schauen. Und schon sehen wir die Kollegin, die für ihre Familie gerade ein Haus gekauft hat, und fragen uns, warum wir denn selbst noch kein eigenes Haus haben. Oder wir lesen einen Artikel über jemanden, der nach seinem fünfzigsten Geburtstag sein Leben noch einmal komplett umgekrempelt hat, und träumen davon, das Gleiche zu tun. Oder wir stöbern im Blog eines Freundes und überlegen, auch einen Blog zu schreiben. Oder lieber einen Podcast aufnehmen? Oder doch wieder regelmäßig Sport? Oder eine neue Fremdsprache? Reisen? Ein neues Auto? Ein Buch schreiben?

» *Ein neuer Job? Reisen? Ein Buch schreiben? – Die Möglichkeiten sind vielfältig. Doch passen sie wirklich zu meinen Zielen und Wünschen?*

Es gibt so vieles in unserem Blickfeld, das uns plötzlich sehr reizvoll erscheint und dann – oft kurzfristig – unsere Aufmerksamkeit in Beschlag nimmt. Wir stellen uns vor, wie es wäre, wenn wir dieses oder jenes auch hätten oder etwas Bestimmtes auch unternehmen würden oder wenn wir diesen einen Schritt auch wagen würden. Was die Menschen sich dabei zumeist nicht fragen: Passt das überhaupt zu meinen Zielen und Wünschen? Ist das meinen eigenen Ambitionen förderlich? Oder lenkt mich das nur davon ab, meine persönlichen Ziele und Wünsche zu verwirklichen?

Ohne Fokus auf sich selbst geht es nicht

Ich kenne einen Mann, der seit über fünfzehn Jahren unzählige Veranstaltungen von diversen Weiterbildungskoryphäen besucht, zumindest die günstigen Abendvorträge. Er liest ständig Bücher dieser Menschen und befasst sich permanent mit deren Ansichten. Seine Selfie-Sammlung mit bekannten Trainern, Coachs und Speakern ist legendär. Seit fünfzehn Jahren hat er jedoch vor lauter Beschäftigung mit den Themen anderer Personen in seinem eigenen Leben weder beruflich noch privat etwas Entscheidendes erreicht. Er hat nie den Fokus auf sich selbst gerichtet, immer nur auf die großen Persönlichkeiten, die er bewundert. Und so ist er selbst letztlich keinen Schritt weitergekommen.

Sicher, wir alle beschäftigen uns immer wieder mit anderen Menschen, mit ihren Ansichten und dem, was sie tun. Insbesondere wenn sie sehr faszinierend oder anregend sind. Auch ich schaue regelmäßig auf die Trends oder Entwicklungen in meiner Branche oder in meinem privaten Umfeld. Ich spüre jedoch schnell, wann ich dabei den Bezug zu mir selbst verliere. Dann höre ich auf und konzentriere mich wieder auf meine eigenen Projekte.

Ich habe zum Beispiel aktuell in meinem Facebook-Profil etwas aufgeräumt und dabei viele der bekannteren Weiterbildungsprofis, Speaker und Coachs aus meiner Timeline entfernt, weil mich der permanente Strom ihres Inputs komplett von meinen eigenen Zielen und Projekten abgelenkt hat. Und allein diese einfache Maßnahme hat mir wieder gezeigt, wie wichtig es ist, mich auf mich selbst zu fokussieren.

Ich habe inzwischen etliche Menschen erlebt, die es anscheinend verlernt haben, sich auf sich selbst, auf ihr eigenes Leben, auf ihre persönlichen Projekte und Ziele – große wie kleine – zu konzentrieren. Stattdessen schauen sie immer nur nach den anderen und ihre Aufmerksamkeit springt von einer Attraktion zur nächsten. Mit jedem Sprung machen sie sich etwas Neues zu eigen und verlieren dabei sich selbst vollkommen aus dem Blick. So verschwenden sie einen großen Teil ihrer Ressourcen an Dinge, die nicht ihrem Selbst entsprechen und die sie persönlich nicht weiterbringen.

>> *Selbstdisziplin ist ein Ausdruck von Selbstbestimmung.*

Sich selbst im Blick zu behalten ist eine wichtige Voraussetzung, um den vielfältigen und teils sehr attraktiven Ablenkungen etwas Starkes entgegensetzen zu können. Damit relativiert sich die Attraktivität vieler Dinge und die eigenen Wünsche und Ziele bleiben präsent. Dennoch ist es damit nicht getan. Jetzt braucht es noch eine gute Portion Selbstdisziplin, um sich selbst treu zu bleiben, die eigenen Ziele weiterzuverfolgen und Ablenkungen tatsächlich zu widerstehen. – Selbstdisziplin ist deshalb auch ein Ausdruck von Selbstbestimmung.

Selbstdisziplin

Unter Selbstdisziplin verstehe ich ein kontinuierliches und selbstbestimmtes Verhalten, das geprägt ist von einem Pflichtgefühl gegenüber sich selbst und den persönlichen Zielsetzungen, von Konsequenz, Beharrlichkeit und Durchhaltevermögen, sodass auch bei Ablenkungen, Widerständen oder Anstrengungen die eigenen Ziele und Aufgaben weiterverfolgt werden. Und ich bin überzeugt davon, dass ambitionierte Ziele und Wünsche nur mit Selbstdisziplin zu erreichen sind. Mir ist nämlich noch kein erfolgreicher und souveräner Mensch begegnet, der nicht diszipliniert gewesen wäre.

Ein zentraler Aspekt der Selbstdisziplin ist für mich die bereits erwähnte Verpflichtung gegenüber sich selbst. Wer sich selbst wichtige Ziele gesetzt hat, hat auch sich selbst gegenüber die Pflicht und die Verantwortung, an der Erreichung dieser Ziele zu arbeiten. Ansonsten würde er sich selbst die Verwirklichung seiner Ziele und Wünsche verwehren. Das wäre unverantwortlich, schließlich sind diese Ziele nicht aus der Luft gegriffen. Sie wurden aus gutem Grund formuliert und sind Meilensteine auf dem Weg zum souveränen Ich.

Fehlt es einer Person an Selbstdisziplin, kommt sie schnell von diesem Weg ab. Denn ohne Selbstdisziplin ist die Gefahr groß, dass Ablenkungen den Fokus verschieben, dass sich Prioritäten willkürlich verändern und dass so die eigenen inneren Werte in den Hintergrund treten. Häufig kommen Menschen ohne Selbstdisziplin nicht richtig vorwärts, sie treten auf der Stelle oder beginnen nach kurzer Zeit immer wieder von vorn mit ihren Vorhaben. Sie schmieden zwar ständig Pläne, erreichen jedoch selten ein Ziel.

> » *Selbstdisziplin brauchen wir für die großen, ambitionierten Wünsche und Ziele genauso wie für die alltäglichen Aufgaben und Vorhaben.*

Bei ausgeprägter Selbstdisziplin zeigt sich hingegen eine starke Konsequenz beim Verfolgen der eigenen Ziele und Wünsche. Unwichtiges wird dabei aussortiert, Wichtiges steht im Fokus. So tritt der Unterschied zwischen dem, was man vielleicht jetzt in diesem Moment gern möchte, und dem, was man in seinem Leben wirklich erreichen will, deutlich zutage. Und der Sinn dessen, was man tut, wird deutlich spürbar, was die Motivation und das Durchhaltevermögen weiter stärkt. Und das gilt eben nicht nur für die großen, ambitionierten Wünsche, Vorhaben und Ziele, sondern auch für die alltäglichen Aufgaben und Teilziele.

Gerade im Alltag gibt es etliche Aufgaben und Pflichten, die wir nur ungern erledigen und die dennoch getan werden müssen. Wie motiviert man sich dafür? – Die Motivation dafür entsteht, wenn wir uns bewusst machen, welchen Sinn diese Aufgaben haben und welchem Ziel sie dienen. So ermöglicht zum Beispiel das umständliche Antragsverfahren für die Förderung einer Weiterbildung, dass sich am Ende der Wunsch nach einem beruflichen Neuanfang verwirklichen lässt. Die ungeliebten Fahrten am frühen Sonntagmorgen zum Fußballspiel der Kinder machen die Kinder glücklich und somit auch die Eltern. Die langwierige und teils frustrierende Suche nach einem neuen Mitarbeiter wird letztlich belohnt mit einem Menschen, der das Unternehmen bereichert und auf Erfolgskurs hält. – Wenn Sie Ihre Ziele selbstdiszipliniert angehen, sind Sie sich dieser Zusammenhänge genau bewusst. Und es fällt Ihnen leichter, auch unliebsame Aufgaben einfach zu erledigen.

Reflexionsfragen

- Führen Sie sich Ihre zwei wichtigsten Zielsetzungen vor Augen: Arbeiten Sie bereits an ihrer Umsetzung? Wenn nicht: Warum nicht?
- Welche Ablenkungen sind für Sie besonders verführerisch?
- Gelingt es Ihnen, sich von Ablenkungen zu lösen?
- Worauf ist Ihr Fokus gerichtet? Auf Sie selbst oder auf das, was andere tun?
- Handeln Sie pflicht- und verantwortungsbewusst gegenüber sich selbst und Ihren Zielsetzungen?
- Haben Sie Selbstdisziplin?

Entschlossen handeln

Menschen, die mich fragen, was genau sie denn tun können, um fokussierter und ausdauernder an ihren Zielen zu arbeiten, antworte ich immer das Gleiche: Übernehmen Sie Verantwortung für sich selbst und für Ihr Handeln! Und machen Sie sich bewusst, dass nur Sie selbst Ihre Ziele verwirklichen können!

Wer beides verinnerlicht, kann entschlossen handeln, beharrlich bei der Sache bleiben und motiviert seinen Weg gehen. Ihm ist klar, dass weder die ungünstigen Umstände oder die vielen kleinen Alltagsverpflichtungen noch die Bedenken oder Einwände anderer Menschen dafür verantwortlich sind, wenn wir ein Vorhaben nicht in die Tat umsetzen. Nur wir selbst bestimmen darüber, welche Ziele wir uns setzen, wann wir mit ihrer Umsetzung beginnen und ob wir ein Ziel erreichen.

Ich hatte ein klares Ziel

In den letzten drei Tagen war ich komplett eingebunden in die Korrekturen von einem meiner Bücher, das sich inzwischen beim Verlag im Produktionsprozess befindet. Ich habe Tag und Nacht wie besessen gearbeitet. Ich habe mich gequält. Es macht nämlich überhaupt keinen Spaß, Bücher, die man bereits sehr gut kennt, noch einmal gründlich zu lektorieren. Jeder Autor und jede Autorin möchte lieber irgendetwas etwas anderes tun, nur das nicht.

Ich habe geflucht. Mit taten die Augen weh. Ich war erschöpft und hatte überhaupt keine Lust. Dennoch wusste ich: Du musst es machen, denn jeder Fehler, den du nicht korrigierst oder den du übersiehst, wird gedruckt. Mein Ziel war klar: den Leserinnen und Lesern ein möglichst gutes Buch ohne Fehler zu liefern. Das ist jetzt meine Aufgabe und niemand anderes wird sie für mich erledigen. Deswegen bin ich diszipliniert vorgegangen und habe durchgehalten.

Sie müssen nicht denken, dass mir meine Selbstdisziplin in die Wiege gelegt worden ist. Es war für mich im Gegenteil ein echter Kampf, mich so weit zu entwickeln, dass ich an Aufgaben und Zielen ausdauernd, motiviert und beharrlich arbeite. Bei dieser Entwicklung haben mir einige Strategien sehr gut geholfen, die ich Ihnen gern schildern möchte.

Wie ich mir meine Selbstdisziplin erarbeitet habe

Irgendwann habe ich angefangen, mich bei reizvollen Ablenkungen zu fragen, ob diese eine kurzfristige Verlockung wirklich wertvoller ist als das Ziel, das ich mir gesetzt habe. Sehr häufig war die Antwort darauf natürlich Nein, was allerdings oft nicht ausreichte, um dem Reiz der Verlockung zu widerstehen. Dann habe ich zusätzlich versucht, mir vorzustellen, was mir diese akute Ablenkung bringen würde. Und ich habe diese Überlegungen in Relation gesetzt zu den Konsequenzen, die diese Ablenkung für das Erreichen meiner tatsächlichen Zielstellung hätte. Oft zeigte sich dann, dass ich das Verwirklichen meiner Ziele und Wünsche dadurch verzögern oder gar verhindern würde. Weil ich das letztlich nicht wollte, fiel es mir mit der Zeit leichter, Verlockungen und Ablenkungen zu widerstehen.

Etwas drastisch, jedoch sehr hilfreich war es in einigen Fällen, mir konkret vor Augen zu führen, was es genau bedeuten würde, wenn ich mein Ziel nicht erreichen würde. Was würde ich damit aufgeben? Worauf würde ich verzichten? Wie sähe mein Leben dann aus? Oftmals versetzte mir diese Vorstellung einen wahren Stich ins Herz, weil mir mein Ziel ja wichtig war, weil ich etwas Bestimmtes verändern oder erreichen wollte. Als Gegenmaßnahme begann ich schnell, mir mein Leben auszumalen in dem Zustand, wenn ich mein Ziel erreicht haben würde. Und das wiederum machte mich so froh und zuversichtlich, dass ich mich auf diese Weise vor so manchem Irrweg bewahrte.

» *Innehalten, hinterfragen, bewusst machen – erste Schritte zu mehr Selbstdisziplin.*

Außerdem hatte ich an mir selbst einige Punkte entdeckt, an denen ich immer wieder einmal schwach wurde und meine wichtigen Ziele und Wünsche aus den Augen verlor. Ich zwang mich selbst dazu, an diesen Punkten, die ich mit der Zeit genau kannte, bewusst innezuhalten, um mich von ihrer Dynamik nicht mitreißen zu lassen. Einer dieser Punkte ist zum Beispiel, dass ich von neuen Ideen und Entwicklungen oft sehr schnell und sehr stark fasziniert bin. Und das in einem so großen Maße, dass ich am liebsten alles andere stehen und liegen lassen würde, um mich direkt in das neue Abenteuer zu stürzen. Inzwischen kenne ich diesen Drang und kann mich selbst gut bremsen, wenn es darauf ankommt. Das war allerdings nicht immer so.

Genauso wie ich lernen musste, zu solchen Verlockungen Nein zu sagen, musste ich auch lernen, zu mir selbst und zu anderen Menschen Nein zu sagen. Denn um meine Ziele konsequent verfolgen zu können, brauchte ich einen gewissen Freiraum und konnte diesen nicht immer wieder durch spontane Anliegen oder Wünsche (von anderen Menschen oder auch von mir selbst) einengen lassen. Das fiel mir am Anfang sehr schwer, weil ich Konflikte und Enttäuschungen natürlich vermeiden wollte. Es war ein langer Weg für mich, bis ich hier die notwendige Konsequenz an den Tag legen konnte. Inzwischen gelingt mir das recht gut.

Als ich anfing, selbst Bücher zu schreiben, hatte ich übrigens ein typisches Problem: Das Anfangen fiel mir unheimlich schwer. Es gelang mir manchmal tagelang nicht, den ersten Satz aufs Papier zu bringen. Der Ratschlag eines befreundeten Journalisten brachte hier den Durchbruch für mich: „Fang doch einfach in der Mitte an." – Seitdem beginne ich nicht nur das Schreiben von Büchern, sondern auch einige andere schwierige Vorhaben oft gar nicht am Anfang, sondern irgendwo mittendrin, wo sich mir gerade ein guter Ansatzpunkt zeigt. So komme ich leichter in die Sache hinein und finde dann auch bald den richtigen Anfang.

Etwas, das mir jeden Tag aufs Neue hilft, konsequent mit meiner Arbeit anzufangen, ist übrigens etwas Banales: Pünktlichkeit. Ich halte mich einfach an meinen eigenen Tagesplan und fange pünktlich mit den Aufgaben an, die ich mir vorgenommen habe. Ausreden gibt es nicht. Das ist mir inzwischen so in Fleisch und Blut übergegangen, dass das tägliche Anfangen praktisch ein Automatismus geworden ist.

Aus eigener Kraft mehr erreichen

Diese geschilderten Strategien haben mir persönlich sehr dabei geholfen, fokussierter und disziplinierter zu agieren. Davon profitiere ich inzwischen in allen Lebensbereichen. Und ich bin mir sicher, dass Sie diese Strategien auf sich selbst übertragen können. Die bleibenden Erfolge werden sich nicht sofort zeigen. Es braucht Zeit, sich selbst zu erkennen, die wichtigsten Einsichten zu verinnerlichen und das eigene Verhalten bewusst zu verändern. Doch nach und nach wird es Ihnen leichter fallen, mit Selbstdisziplin zu agieren, und es werden sich immer öfter kleinere und größere Erfolge zeigen. Und schließlich werden diese Strategien zu nützlichen Gewohnheiten. Die Erfolgserlebnisse werden Sie zudem beflügeln und weiter anspornen. Sie werden spüren, wie Sie Ihrer inneren Verpflichtung gerecht werden, gegenüber sich selbst verantwortungsvoll handeln und Ihre Chancen, ein Ziel zu erreichen, aus eigener Kraft erhöhen. Und das ist ein tolles Gefühl, das verspreche ich Ihnen!

Reflexionsfragen

- Wenn Sie von Ihrem Ziel abgelenkt werden, wen oder was machen Sie dafür verantwortlich?
- Was bringt Ihnen eine kurzfristige Verlockung im Vergleich zu einem langfristigen Ziel?
- Was würde es für Sie bedeuten, ein Ziel nicht zu erreichen?
- Was hilft Ihnen dabei, Aufgaben entschlossen anzugehen und konsequent abzuschließen?
- Kennen Sie dieses Gefühl, etwas Großes aus eigener Kraft erreicht zu haben?

8. Ist Erfolg überhaupt wichtig?

Wenn Sie die Überschrift dieses Kapitels lesen, woran denken Sie bei dem Wort „Erfolg" als Erstes? Ich vermute, Sie denken zunächst „klassisch" an beruflichen, geschäftlichen Erfolg, an Karriere und viel Geld. Und da werden die Antworten auf die Frage „Ist Erfolg überhaupt wichtig?" wahrscheinlich sehr unterschiedlich ausfallen, weil die Ansichten über die Bedeutsamkeit von Karriere und Geld meist doch recht weit auseinandergehen. Ich vermute jedoch auch, dass Sie als Zweites an etwas anderes denken. Nämlich daran, was Erfolg neben diesem „klassischen" Konzept noch alles sein könnte. – Und damit wären wir direkt beim Thema dieses Kapitels.

Sind Sie erfolgreich?

Die Frage „Sind Sie erfolgreich?" kann niemand beantworten, ohne sich vorher im Klaren darüber zu sein, was Erfolg für ihn selbst bedeutet. Denn spätestens, wenn man anfängt, über den eigenen Erfolg nachzudenken, wird klar, dass Erfolg viele Gesichter haben kann. Das oben genannte „klassische" Konzept des Erfolges gehört natürlich dazu. Menschen streben zum Beispiel nach beruflichem Aufstieg, nach ideeller und finanzieller Anerkennung für ihre beruflichen Leistungen, nach geschäftlichem Durchsetzungsvermögen und nach einer Position an der Spitze der Konkurrenz. Das scheint vollkommen normal und in unserer Gesellschaft anerkannt zu sein.

» *Von Menschen wird häufig erwartet, dass sie Erfolge anstreben und ihre Potenziale nutzen.*

Immer wieder höre ich von Klienten zudem, dass diese Art von Erfolgsstreben geradezu von ihnen erwartet wird. Sie spüren einen gesellschaftlichen oder von ihrem Umfeld ausgehenden Druck, im Beruf (oder in ihrer Profession als Künstler, Sportler etc.) erfolgreich zu sein und das, was sie maximal erreichen könnten, tatsächlich anzustreben. Wenn jemand jedoch zum Beispiel eine Beförderung ablehnen will, weil er mit seiner aktuellen Arbeitssituation absolut zufrieden ist und gar keine weitergehenden Karriereambitionen hat, stößt dies oft auf Unverständnis. Dann ist schnell die Rede von ungenutztem Potenzial, verschenkten Chancen oder fehlendem Ehrgeiz. Nicht so oft wird hingegen davon gesprochen, dass manchen Menschen diese Art von Erfolg nicht wichtig ist, dass sie andere Prioritäten und Ziele haben und dass Erfolg für sie etwas ganz anderes bedeutet.

Was bedeutet Erfolg für Sie?

Allgemein versteht man unter Erfolg das Erreichen selbst gesetzter Ziele. Weil diese Ziele nun in höchstem Maße individuell sind, sind auch die jeweiligen Vorstellungen von Erfolg absolut individuell. Manche Menschen empfinden es als Erfolg, frei von Zwängen einfach nur das tun zu können, was sie tun wollen. Für andere ist es ein Erfolg, wenn sie sich ein Leben aufgebaut haben, in dem sie glücklich und zufrieden sind. Gerade für Lehrer und Ausbilder ist es häufig ein riesiger Erfolg, wenn sie sehen, wie ihre Schützlinge selbstständig werden und sicheren Schrittes ihren eigenen Weg gehen. Und einige Menschen betrachten es als Erfolg, wenn es ihnen gelingt, etwas Belastendes hinter sich zu lassen, eine frustrierende Situation zu überwinden und sich neuen Zielen zuzuwenden. Wieder andere fühlen sich erfolgreich, wenn sie es geschafft haben, sich an etwas Unbekanntes heranzuwagen. – Es gibt unzählige Beispiele für die verschiedenen Arten von Erfolg.

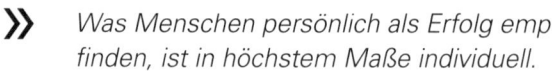

» Was Menschen persönlich als Erfolg empfinden, ist in höchstem Maße individuell.

Viele erleben zudem auch kleinere Schritte als Erfolg: einen Sprachkurs für Anfänger erfolgreich abzuschließen, eine schwierige Etüde endlich zu beherrschen, wieder regelmäßig Sport zu treiben, ein schwieriges Gespräch gemeistert zu haben, die eigenen Kochkünste zu verbessern ... Auch das sind persönliche Erfolge von teils großer Bedeutung.

Wenn Sie Erfolge erleben wollen, brauchen Sie daher zweierlei: Ziele und Klarheit darüber, was Erfolg für Sie selbst tatsächlich bedeutet. Auch hier geht es wieder um Selbstbestimmung und Unabhängigkeit. Denn nur selbstbestimmte Ziele und Ambitionen spiegeln das wider, was Ihnen wirklich wichtig ist. Und nur die Erfolge, die ihnen wichtig sind, verschaffen Ihnen echte Erfolgserlebnisse, die Sie stark und zufrieden machen. Gesellschaftlicher Druck oder die Erwartungen des Umfelds drängen Sie hingegen – insbesondere wenn Sie sie unreflektiert annehmen – in eine Richtung, die möglicherweise gar nicht Ihrem Selbst entspricht. Die so erreichten Erfolge fühlen sich dann kaum wie echte Erfolge an, sondern eher wie erfüllte Pflichten.

Ja, Erfolg ist also wichtig. Doch Erfolg bedeutet für jeden Menschen etwas anderes. Wenn Sie herausfinden, was Erfolg für Sie bedeutet und welche Erfolge Ihnen wichtig sind, dann machen Sie Ihre Erfolge zufrieden und bestätigen Sie in Ihren Vorhaben und Zielen; sie geben Ihnen Selbstvertrauen, Sicherheit und Zuversicht.

Erfolg und Dankbarkeit

Auch wenn unsere Erfolge aus uns selbst und unseren Zielen erwachsen, sind wir doch in der Regel nicht allein erfolgreich. Es gibt immer Menschen, die uns begleiten und unterstützen, und Rahmenbedingungen, die Erfolge ermöglichen oder begünstigen. Genau genommen würden wahrscheinlich die meisten Erfolge nicht zustande kommen, wenn es diese Unterstützung von außen nicht gäbe. Sich dessen bewusst zu sein, gehört auch zum Erfolg dazu. Denn ohne dieses Bewusstsein laufen wir Gefahr, unseren eigenen Anteil am Erfolg falsch einzuschätzen und uns unter Umständen zu *über*schätzen. Wir betrachten dann nicht das Ganze, sondern nur einen Ausschnitt des Geschehens und erhalten ein verzerrtes Bild der Realitäten. Doch für Erfolg und vor allem für anhaltenden Erfolg brauchen wir Klarheit. Klarheit über uns selbst und über das, was uns umgibt.

Ich selbst habe mich als junger Mensch und in meinem Berufsleben oft durchkämpfen müssen und betrachte mich durchaus als Selfmademan. Es ist mir daher viele Jahre recht schwergefallen, Dankbarkeit zu empfinden, wenn ich auf das blickte, was ich erreicht habe. Doch je mehr ich mich mit mir selbst und meinem Lebens- und Berufsweg befasst habe, umso klarer wurde mir, dass ich diesen Weg nie ganz allein gegangen bin. Es gab immer Menschen in meinem Umfeld, die mir geholfen haben. Zum Beispiel indem sie mich in Gesprächen und Diskussionen weiterbrachten, mir Anregungen und Denkanstöße gaben, mir widersprachen, mich provozierten, mein Denken in neue Richtungen lenkten. Oder weil sie mich bestärkten, mir Mut zusprachen oder manchmal einfach mit einer Unterkunft oder einem geliehenen Laptop aushalfen. Und einige taten es auch, ohne dass ich es bemerkte. Eine Empfehlung an der richtigen Stelle, ein subtiler Hinweis, eine Tür, die sich nur scheinbar von allein öffnete. Vieles habe ich anderen Menschen zu verdanken.

Ich kann Ihnen sagen, es lohnt sich, ab und zu innezuhalten und darüber nachzudenken, wem wir unsere Erfolge zu verdanken haben und wem wir dankbar sein können. Denn es ist ein großartiges Gefühl, die Unterstützung und Begleitung anderer Menschen zu erfahren.

» *Es lohnt sich, innezuhalten und darüber nachzudenken, wem wir dankbar sein können.*

Deshalb möchte ich Sie dazu ermutigen, sich bei den Menschen zu bedanken, für die Sie Dank empfinden und denen Sie einen Teil Ihres Erfolges zu verdanken haben. Dafür ist es nie zu spät und nie zu früh. Greifen Sie zum Telefon, schicken Sie eine SMS oder WhatsApp-Nachricht, schreiben Sie einen Dankesbrief, eine Dankeskarte oder einen Facebook-Post, in dem Sie all die Menschen markieren, denen Sie dankbar sind. Die Möglichkeiten sind vielfältig und die Wahl bleibt Ihnen überlassen.

Eine besondere Form der Dankbarkeit

Mit einem Kollegen, den ich schon viele Jahre kenne, sprach ich kürzlich über das Thema Dankbarkeit. In diesem Gespräch sagte er mir etwas sehr Bemerkenswertes: „Weißt du, Stéphane, es klingt vielleicht seltsam, doch ich bin dankbar für unsere Gesundheitsversorgung." Ich war zunächst etwas irritiert, doch er erklärte mir, wie er das meinte.

Der Kollege hat eine chronische Krankheit, was ich bis dato nicht wusste, weil wir zwar ein gutes kollegiales Verhältnis haben, jedoch keinen privaten Kontakt. Er schilderte mir, wie sich seine Krankheit äußert und dass er nur deshalb überhaupt so arbeiten kann, wie er es tut, weil die Gesundheitsversorgung in Deutschland so verlässlich und gut ist im Vergleich zu vielen anderen Ländern. Auch in Zeiten, in denen er nur wenig verdiente, brauchte er sich nie Gedanken darüber zu machen, ob er seine medizinischen Behandlungen und seine Medikamente würde bezahlen können. Es spielte für seine Behandlung keine Rolle, wie viel er in die Krankenkasse einzahlte. Er konnte immer sicher sein, dass er die notwendigen Behandlungen und Medikamente bekommen würde.

Er sagte, dass ihm dies erst die nötige Sicherheit gegeben hat, um seine beruflichen Ambitionen auch mit der Krankheit weiter zu verfolgen und sich immer

wieder neue Ziele zu setzen und Risiken einzugehen.
Und dass er ein Gefühl tiefer Dankbarkeit empfindet,
wenn er sich diesen Umstand bewusst macht.

Das Beispiel des Kollegen, der trotz chronischer Krankheit seinem Beruf nachgehen kann, zeigt: Dankbarkeit bezieht sich nicht nur auf Personen. Wir können auch dankbar sein dafür, dass wir gesund sind (oder gesundheitlich gut versorgt sind), dass wir in einem sicheren und freien Land leben und die Freiheit haben, das zu tun, was wir tun möchten. Wir können dankbar sein, dass bestimmte Personen in unser Leben gekommen sind oder dass andere in unserem Leben keine Rolle mehr spielen. Oder wir können dankbar sein darüber, dass wir bestimmte Entwicklungen rechtzeitig erkannt und richtig darauf reagiert haben.

In der Dankbarkeit zeigt sich die bewusste Wertschätzung dessen, was unseren Erfolgen förderlich war. Und wenn wir unseren Menschen unseren Dank aussprechen, dann zeigen wir Ihnen erstens diese Wertschätzung und lassen sie zweitens auch an unseren Erfolgen teilhaben. Und das ist eine der schönsten Möglichkeiten, die eigenen Erfolge zu genießen.

Reflexionsfragen
– Was empfinden Sie als Erfolg?
– Welche kleinen Erfolge konnten Sie in den vergangenen Tagen verzeichnen?
– Würdigen Sie auch Ihre kleinen Erfolge?
– Welchen großen Erfolg konnten Sie in der zurückliegenden Zeit verbuchen?
– Wer (oder was) unterstützt Sie bei Ihren Erfolgen?
– Wem möchten Sie danken und wie können Sie Ihrer Dankbarkeit Ausdruck verleihen?

Sind Sie erfolgsfähig?

Ein einzelner großer oder kleiner Erfolg macht uns noch nicht zu einem erfolgreichen Menschen. Das ist jedem intuitiv klar. Dazu braucht es mehr als ein einmaliges Erfolgserlebnis. Dieses Mehr nenne ich Erfolgsfähigkeit.

Sowohl bei meinen Coachings als auch im privaten Kontext habe ich in meinem Leben etliche erfolgreiche Menschen kennengelernt und einige davon durfte ich bei ihren Erfolgen intensiv begleiten. Das gab mir die Möglichkeit, genauer zu ergründen, worin ihre Erfolgsfähigkeit besteht.

Erfolg ist kein singuläres Ereignis

Bei der Begleitung erfolgreicher Menschen konnte ich drei wiederkehrende Aspekte identifizieren, die für mich die Erfolgsfähigkeit ausmachen. Ein Mensch, der über eine ausgeprägte Erfolgsfähigkeit verfügt, ist in der Lage:
■ nachhaltige Erfolge zu erzielen,
■ Erfolge zu reproduzieren und
■ nach Misserfolgen neue Erfolge zu kreieren.

Der Begriff nachhaltig wird inzwischen leider etwas über-strapaziert, er trifft in diesem Fall jedoch sehr genau, was gemeint ist. Denn ein echter Erfolg ist kein singuläres Ereignis, das einmal passiert und dann vorbei ist. Echter Erfolg ist etwas Anhaltendes, das auf lange Sicht Wirkung zeigt. Zum Beispiel wäre der erfolgreiche Abschluss eines Sprachkurses nur dann ein echter – nachhaltiger – Erfolg, wenn der Kursabsolvent die Sprache tatsächlich anwendet und sich damit beispielsweise auf Reisen besser verständigen und mit Menschen ins Gespräch kommen kann. Praktiziert er hingegen die Sprache nicht, ist sein Erfolg nur ein flüchtiges Ereignis ohne größere Bedeutung. Oder ein Unternehmer, der es als Erfolg verbucht, einen wichtigen Auftrag an Land gezogen zu haben, wird nur dann einen nachhaltigen Erfolg erzielen, wenn er den Auftrag schließlich zur Zufriedenheit des Kunden umsetzt und sich im besten Fall damit für einen Folgeauftrag empfiehlt. Womit wir beim nächsten Punkt der Erfolgsfähigkeit wären: Erfolge reproduzieren.

Erfolge sind kein Zufallsprodukt

Einmal ist keinmal und zweimal ist Zufall. – So heißt es etwas salopp. Doch wenn es um Erfolg geht, ist an dieser Redensart durchaus etwas dran. Ein einmaliger oder zweimaliger Erfolg kann vielleicht auch ohne großes Zutun des Betreffenden zustande kommen. Etwas Glück, günstige Umstände, ein kleiner Schubs von der richtigen Person – und schon kann etwas Tolles gelingen. Doch gelingt es noch einmal? Und noch einmal? Und auch dann, wenn Glück und günstige Umstände nicht dabei helfen?

» *Einmal ist keinmal und zweimal ist Zufall. – Das gilt auch für den Erfolg.*

Erfolge reproduzieren zu können heißt, dass diese Erfolge auf Grundlage eigener Fähigkeiten und Leistungen erzielt wurden, die wiederholt abgerufen werden können. Diese Erfolge sind kein Zufallsprodukt, sondern aus eigener Kraft generiert und deshalb gezielt wiederholbar. Glück und Zufall können das nicht leisten.

Glück und Zufall werden außerdem nicht immer dafür sorgen können, dass jemand nach einem Misserfolg wieder neue Erfolge verzeichnen kann. Auch das erfordert persönliche Leistungen und Fähigkeiten. Misserfolge können jedem passieren. Beruflich und privat. Sie sind keine Schande, denn sie sind nicht automatisch ein Ausdruck von Unfähigkeit oder mangelndem Engagement. Es kommt vor, dass sich Umstände in kurzer Zeit dramatisch verändern, dass Menschen, mit denen man zusammengearbeitet hat, einen anderen Weg einschlagen wollen, dass Märkte umgekrempelt werden, dass unerwartete Ereignisse die eigenen Pläne durchkreuzen und Erfolge nicht zustande kommen. Das alles kann passieren. – Doch dann kommt es eben darauf an, aus sich selbst heraus neue Erfolge kreieren zu können und neue Wege zu finden, die eigenen Ziele zu erreichen, auch wenn die Umstände sich geändert haben. Manchmal heißt das, sich von alten Zielen zu verabschieden und neue Ziele zu formulieren, die dann zum Erfolg führen.

Manchmal reicht eine einzige gute Chance

Die Erfolgsfähigkeit, wie ich sie verstehe, steht in einem engen Zusammenhang mit der Frage, ob und wie Menschen die Chancen nutzen, die sich ihnen bieten. Wobei es übrigens nicht darauf ankommt, dass sich einem möglichst viele Möglichkeiten bieten, sondern dass man in der Lage ist, eine Chance wirklich zu nutzen. Vielleicht hatten Sie schon einmal die großartige Gelegenheit, ins Ausland zu gehen, eine

Beziehung mit einem wunderbaren Menschen einzugehen, ein Kind zu bekommen, ein Buch zu schreiben, ein traumhaftes Haus zu kaufen, eine wunderbare Freundschaft geschenkt zu bekommen. Haben Sie diese Chance genutzt?

Einige Menschen bekommen unglaublich viele Chancen im Leben, sie sind echte Glückskinder, alles fliegt ihnen zu, sie bekommen vieles geschenkt. Man könnte meinen, sie würden viel erfolgreicher werden als andere. Es zeigt sich jedoch immer wieder, dass das nicht zwangsläufig der Fall ist. Ich konnte in meinem Berufsleben schon mehrfach feststellen, dass Menschen trotz traumhafter Startbedingungen nicht so erfolgreich wurden, wie ich es anfangs dachte. Ein Grund dafür war der scheinbare Überfluss an Chancen. Für sie war es normal, dass nach einer guten Chance schon bald die nächste kommen würde. Und vielleicht ist die nächste Chance ja sogar noch besser! Es gab für sie keine zwingende Notwendigkeit, diese eine aktuelle Chance nun unbedingt zu ergreifen. Und so ließen sie eine Chance nach der anderen ungenutzt verstreichen.

» Das Auftreten vieler Chancen sorgt nicht automatisch für Erfolg.

Andere Menschen hingegen bekommen nur eine einzige gute Chance. Und weil sie es nicht gewohnt sind, Chancen geboten zu bekommen, erkennen sie sofort, wie einzigartig und wichtig diese Gelegenheit ist, und ergreifen sie. Sie setzen dann alles in Bewegung, um aus dieser Gelegenheit das Beste zu machen. Denn wer weiß, ob so eine Möglichkeit je wiederkommen wird. – Weil diese Menschen jede Chance als etwas Wertvolles begreifen, nutzen sie diese auch. Und so verwundert es nicht, dass sie oft erfolgreicher sind als diejenigen, denen die Chancen nur so zufliegen.

Erfolg braucht Zeit

Die Vorstellung, dass wir Chancen nur ergreifen und nutzen müssten, damit sich dann der Erfolg einstellt, täuscht jedoch über eine wichtige Tatsache hinweg: Erfolg hat immer mit Arbeit zu tun und er braucht Zeit.

Manchmal ist es schon erstaunlich, wie kurzfristig viele Menschen denken. Sie wollen Erfolg und das am besten sofort. Dass zwischen ihnen und dem Erfolg noch ein Weg liegt, der nicht selten steinig und lang ist, wird dabei gern übersehen. Als Coach kann ich vielleicht helfen, diesen Weg etwas zu verkürzen, einige Steine aus dem Weg zu räumen und einige unnötige Abzweigungen zu vermeiden. Ich kann es einem Menschen jedoch nicht abnehmen, diesen Weg zu gehen und dabei die Erfahrungen und Lernprozesse zu durchlaufen, die ihn letztlich zum Erfolg führen.

Ein Unternehmen kann zum Beispiel nicht von null starten und innerhalb weniger Monate große Gewinne erzielen. Auch wenn alles stimmt, die Strategie passt, das Angebot gut ist und die Zielgruppe erreicht wird, stellt sich der Erfolg niemals von heute auf morgen ein. Es macht nicht einfach Peng! und ein tolles Unternehmen ist auf dem Markt etabliert und erzielt riesige Gewinne. Ein Unternehmen muss wachsen und Wachstum braucht Zeit. – Dennoch gibt es Unternehmer, die manchmal schon nach einigen Wochen und Monaten die Geduld verlieren und aufgeben. Obwohl alles ganz „normal" verläuft und die Startphase erwartbare Zeiträume in Anspruch nimmt, schmeißen sie plötzlich alles hin. Es ging ihnen einfach nicht schnell genug mit dem Erfolg.

» *Erfolgreich sind oft diejenigen, die sich Zeit lassen für ihren Erfolg.*

Die erfolgreichsten unter meinen Klienten sind daher oft die Langzeitklienten, die sich Zeit lassen für ihren eigenen Erfolg. Sie denken langfristig in Zeiträumen von drei, fünf, zehn oder noch mehr Jahren. Sie wissen zum Beispiel, dass sie im Normalfall ein Jahr benötigen, um ein großes Projekt zu realisieren, und dass gerade strategische Maßnahmen manchmal sogar noch länger brauchen, bis sie ihre volle Wirkung entfalten. Sie wissen auch, dass sie ohne persönlichen Einsatz nicht vorwärtskommen und dass dieser Einsatz manchmal viel Kraft kosten kann. Sie agieren deshalb konzentriert, kontinuierlich und auf lange Sicht, nicht kurzentschlossen, sprunghaft oder ungeduldig. Sie arbeiten zielgerichtet und oft mit großer Hingabe auf ihren Erfolg hin.

Über die Hingabe

Eine Voraussetzung für Erfolg ist die Hingabe. Leider gehen immer noch so viele Menschen einer Tätigkeit nach, die sie nicht motiviert, nur um Geld zu verdienen oder sich über Wasser zu halten. Früher oder später erledigen sie ihre Arbeit nur noch lustlos. Oder gar nicht. Im Angestelltenbereich korreliert eine mangelnde Hingabe in der Regel mit einer erhöhten Anzahl der Fehltage.

Einmal fragte ich in Berlin einen französischen Koch, welche Voraussetzung jemand mitbringen müsse, der wirklich gut kochen will. Er antwortete mir: „Diese Person muss mit Liebe und Hingabe kochen." Jemand, der nur kocht, weil er kochen muss, wird dies meist ohne Hingabe tun und nur schwerlich ein richtig guter Koch werden.

Auch jemand, der nur Klavier spielt, weil ein Konzerttermin ansteht, wird auf Dauer nicht die Her-

zen seines Publikums gewinnen können. Unabhängig
davon, ob der Konzertsaal voll ist oder nicht.

Vor Jahren – es muss 1999 gewesen sein – habe ich
in einem Gespräch jemandem gesagt, dass ich an
dem Tag, an dem ich keine Lust mehr haben würde,
als Trainer, Speaker und Coach zu arbeiten, damit
aufhören werde. Ich würde etwas anderes machen.
Genau die gleiche Meinung vertrete ich heute noch:
An dem Tag, an dem mir meine Arbeit keinen Spaß
mehr macht und ich sie nicht mehr mit Hingabe er-
ledigen kann, werde ich aufhören und etwas anderes
machen.

Lívia Rév ist eine meiner Lieblingspianistinnen und
ein Ausnahmetalent. Sie wurde 1916 in Budapest ge-
boren. In einem Interview hat sie einmal erzählt, dass
sie als Neunjährige nach einem Konzert einem Jour-
nalisten geantwortet hatte, sie würde nur so lange
leben wollen, wie sie auch Klavier spielen könne. –
Sie hat bis zum Alter von 95 Masterclasses gegeben
und konzertiert. Auch wenn sie über 100 ist, übt sie
jeden Tag und unterrichtet Studentinnen und Studen-
ten, die immer noch von überall aus der Welt für Pri-
vatlektionen zu ihr kommen.

Reflexionsfragen

- Wie stark ist Ihre Erfolgsfähigkeit ausgeprägt?
- Was hat Ihre letzten Erfolge ermöglicht – Glück und Zufall? Oder Ihre Leistungen und Fähigkeiten?
- Fliegen Ihnen die Chancen von allein zu? Was machen Sie mit diesen Chancen?
- Welche gute Chance haben Sie in letzter Zeit ungenutzt vorbeiziehen lassen?
- Geben Sie sich selbst genug Zeit für Ihren Erfolg?
- Welche Ihrer Aufgaben erledigen Sie mit Hingabe?

Erlauben Sie sich selbst den Erfolg?

Sich selbst den Erfolg erlauben? Das scheint eine merkwürdige Frage zu sein. Doch es ist erstaunlich, wie gut Menschen darin sind, sich selbst Erfolge zu verwehren. Ein häufiger Grund ist schlicht die Angst vorm Misserfolg. Denn vor einem Erfolg stehen ein selbst gesetztes Ziel und der Versuch, dieses zu erreichen. Und ja, dieser Versuch kann selbstverständlich auch scheitern.

Manche Menschen setzen sich deshalb lieber gleich gar keine Erfolgsziele. Es könnte ja sein, dass man dann unter Umständen das eigene Scheitern eingestehen oder die eigenen Fähigkeiten infrage stellen müsste. Um das zu vermeiden, verzichten sie lieber direkt auf ambitionierte Ziele und geben sich mit dem Status quo zufrieden. Sie erlauben sich also nicht einmal den Versuch, einen Erfolg zu erzielen.

Selbstbestimmt entscheiden, welche Erfolge von Bedeutung sind

Ich hatte schon einige Klienten, die sich auf diese Weise selbst blockierten und zum Beispiel ihren eigenen unternehmerischen und finanziellen Erfolg sabotierten. Sie gaben sich mit schlecht bezahlten Aufträgen und einem zu niedrigen Einkommen zufrieden, weil sie Angst davor hatten, beim Streben nach einem guten Einkommen zu scheitern. Einige von ihnen versuchten, dieses Verhalten vor sich selbst und vor mir zu rechtfertigen. Sie erklärten, sie würden ihre Arbeit ja nicht nur des Geldes wegen machen, sondern weil sie ihnen Spaß mache und sie sich darin selbst verwirklichen würden. Und Geld sei ihnen ja überhaupt nicht so wichtig. – Wenn ich allerdings anfing, diese Aussagen zu hinterfragen, und nicht lockerließ, zeigte sich bei nicht wenigen dieser Klienten, dass diese Vorstellung nicht ihren inneren Überzeugungen entsprach, sondern eher aus einer Art gesellschaftlichem Konformitätsdruck entstanden war. Denn das Arbeiten um des Geldes willen und das Streben nach viel Geld haben oft keinen guten Ruf, sondern werden eher als „niedere" Ziele betrachtet. Menschen, die nur für den „schnöden Mammon" arbeiten, erhalten kaum Anerkennung dafür. Im Gegensatz zu denjenigen, die ihre materiellen Ansprüche zurückstellen, weil sie in ihrer wertvollen Arbeit aufgehen und damit ihre persönlichen Ideale verwirklichen können.

>> *Auch bei der Frage des Erfolges können Denkmuster und Fremdbestimmung großen Einfluss haben.*

Keine Frage, Arbeit darf Spaß machen und Zufriedenheit bringen, vielleicht sogar zur Selbstverwirklichung betragen. Doch sie muss letztlich den eigenen Lebensunterhalt und den gewünschten Lebensstandard sichern. Und es ist einfach falsch und unverantwortlich, beides gegeneinander auszuspielen. Geldverdienen und Ideale stehen eben nicht im Widerstreit zueinander. Gerade die Möglichkeit, beide miteinander zu vereinen, ist für viele Menschen ein besonderer Erfolg.

Auch bei der Frage des Erfolges greifen also zum Teil Denkmuster und Fremdbestimmungen, die es zu reflektieren und zu überwinden gilt. Es ist wichtig zu erkennen, was Erfolg für einen selbst bedeutet, was man erreichen möchte und worin man Befriedigung und Bestätigung findet. Und dann kommt es darauf an, sich diesen Erfolg und das Streben danach selbst zu erlauben. Auch wenn andere vielleicht kein Verständnis dafür haben oder meinen, etwas anderes wäre viel erstrebenswerter.

Hilfe zulassen und annehmen

Eine andere Variante, mit der Menschen sich ihren Erfolg – zumindest zum Teil – selbst verwehren, entsteht aus dem Irrglauben, man müsse alles allein schaffen, damit es ein echter Erfolg ist. Im Zusammenhang mit dem Thema Dankbarkeit wurde weiter oben schon erläutert, dass wir Erfolge letztlich niemals allein erreichen. Wer jedoch glaubt, Erfolge im Alleingang erreichen zu müssen, und deshalb aus Prinzip keine Hilfe annimmt, steht seinen Erfolgen selbst im Weg.

» *Niemand muss alles allein schaffen, um seine Leistung als Erfolg verbuchen zu können.*

Wir glauben und wollen, dass wir stark sind. Wir wünschen uns, dass wir alles können und unsere Ressourcen unendlich sind. Doch wenn wir ehrlich sind, wissen wir alle, dass das nicht der Fall ist. Wir können nicht alles allein bewältigen, was sich uns als Herausforderung stellt. Wir finden eben nicht für alles eine Lösung. Unsere Kräfte gehen irgendwann zur Neige. Manchmal wissen wir einfach nicht weiter. Nicht immer finden wir von selbst den richtigen Weg. Mitunter ist unser Blick getrübt und uns fehlen die entscheidenden Einsichten. Und wir sind nicht in allen Bereichen mit ausgeprägten Stärken gesegnet. – Dann brauchen wir Hilfe, auch wenn es bisweilen schwer ist, das zuzugeben und zu akzeptieren.

Doch das Gute ist: Sobald wir erkannt und akzeptiert haben, dass wir Hilfe brauchen, wird es leichter. Denn wir haben in fast allen Lebenslagen die Möglichkeit, uns Hilfe zu holen. Häufig direkt im nahen persönlichen Umfeld oder bei Bedarf auch von professionellen Helfern. Fast immer gibt es Menschen, die uns unterstützen können – und bereit dazu sind. Wir können sie um Rat fragen und von ihrer Erfahrung profitieren. Wir können sie bitten, einfach mal mit anzupacken oder uns neue Impulse zu geben, wenn wir nicht weiterkommen. Und wir können Helfer (Dienstleister) auch einfach dafür bezahlen, uns einen Teil der Arbeit abzunehmen.

Schwächen mithilfe anderer ausgleichen

Gerade erfolgsorientierte Menschen investieren nicht selten viel Zeit und Energie darin, ihre Schwächen zu bekämpfen. So ringen sie mit sich selbst, statt ihr Ziel zu verfolgen, und führen einen Kampf, der oft gar nicht zu gewinnen ist. Sie sehen nicht, dass wir niemals alle unsere Schwächen ausmerzen können, sondern einige von ihnen akzeptieren müssen.

Das heißt natürlich nicht, dass wir uns einfach immer einen Freibrief ausstellen können, wenn es mal wieder irgendwo hapert. Es heißt vielmehr, erkennen zu lernen, ab welchem Punkt wir mit dem Kampf gegen unsere Schwächen

Zeit und Energie verschwenden. Und zwar Zeit und Energie, die wir besser einsetzen könnten, um unsere Stärken auszubauen und zu nutzen. Statt Ressourcen zu verschwenden, ist es dann weitaus sinnvoller, sich Hilfe zu suchen. Sinnvoller in praktischer Hinsicht, weil qualifizierte Personen die Aufgabe mit Sicherheit besser und schneller erledigen als wir. Und auch in persönlicher Hinsicht. Denn es ist einfach auf Dauer extrem anstrengend und demotivierend, die eigenen Schwächen bekämpfen zu wollen. Viel mehr Freude macht es, das zu realisieren, wo die eigenen Stärken zum Einsatz kommen können.

Dafür hab ich kein Händchen

Auch wenn ich in meinem Berufsalltag das meiste selbst mache (und auch selbst machen will), gibt es natürlich Tätigkeiten, die ich einfach nicht gut kann und voraussichtlich niemals gut können werde. Ein anschauliches Beispiel dafür sind meine Versuche, etwas grafisch zu gestalten, etwa eine Broschüre oder einen Flyer etc. Wenn ich Ihnen diese Versuche zeigen würde (was ich natürlich nicht tue!), würden Sie schnell erkennen, dass ich dafür kein Händchen habe. Irgendwann habe ich das auch selbst eingesehen. Doch zuvor habe ich mich mit jedem Versuch, Texte und Bilder in eine schöne Form zu bringen, ewig herumgequält. Stundenlang habe ich vor einer A4-Seite gesessen und alles hin und her geschoben, Schriften ausgetauscht, Bilder vergrößert oder verkleinert. Ich habe sogar eine teure Software gekauft in dem Glauben, damit würde nun alles besser gehen. Es hat alles nichts genützt. Ich bekam es einfach nicht hin. Als ich schließlich zu der Einsicht kam, dass ich ohne professionelle Hilfe nicht weiterkomme, wurde alles besser. Ich hatte bald einen Grafiker gefunden, mit dem ich unkompliziert zusammenarbeiten konnte und der meine Aufträge genau so umsetzte, wie ich es mir vorstellte. Und das in einem Bruchteil der Zeit, die ich mit meinen misslungenen Versuchen verschwendet hatte, und natürlich mit Ergebnissen, die mit meinen Versuchen überhaupt nicht zu vergleichen sind.

Meine gestalterisches Manko werde ich vermutlich mein Leben lang behalten. Dass ich mich damit nun nicht mehr herumärgere, hat mir Zeit und Energie verschafft, mich intensiver einer meiner Stärken und Leidenschaften zu widmen: dem Klavierspielen. – Das war ein wunderbarer Tausch.

Das alles schmälert nicht den eigenen Erfolg und die eigene Leistung. Denn niemand muss alles selbst können. Fast alle Menschen, die ich kenne und die Überragendes leisten, lassen sich helfen, zum Beispiel indem sie clevere Strategen oder Berater einkaufen und Teilaufgaben an qualifizierte Personen delegieren. Es macht oft einen Großteil ihres Erfolges aus, genau an den richtigen Stellen die richtigen Helfer ins Boot zu holen.

Reflexionsfragen

- Gibt es Vorhaben, die Sie aus Sorge zu scheitern wieder verworfen haben?
- Wie stark beeinflusst die Meinung anderer, worauf Sie Ihr Erfolgsstreben richten?
- Welchen Erfolg würden Sie anstreben, wenn sie absolut unabhängig wählen könnten?
- Warum arbeiten Sie nicht an genau diesem Ziel?
- Gibt es Erfolge, die Sie tatsächlich allein erreicht haben? Wirklich?
- Wobei wünschen Sie sich Hilfe und Unterstützung?

9.

Lernen statt stehen bleiben

In Anbetracht des permanenten gesellschaftlichen und beruflichen Wandels fällt immer wieder der Begriff lebenslanges Lernen. So gibt es heute kaum noch Berufe, die nach einer einmaligen Ausbildung oder durch einmaliges Anlernen dauerhaft erfolgreich bewältigt werden können. Ständig sind wir aufgerufen, uns neues Wissen anzueignen. Anpassungsfähigkeit, Flexibilität, der Wille zur Weiterentwicklung und die Fähigkeit, sich Neues anzueignen, werden deshalb immer wichtiger. Ähnliches gilt für das private Leben: Auch hier ändert sich schon allein durch die technischen Entwicklungen sehr viel in immer kürzerer Zeit, sodass wir ständige Updates brauchen, um den Anschluss nicht zu verlieren. Beides, der permanente gesellschaftliche als auch der fortwährende berufliche Wandel, verlangt uns einiges ab – und manchmal fühlen wir uns von all dem geradezu überfordert.

Allerdings: Wir alle verfügen über ein ungeheures Lernpotenzial. Und die Bereitschaft, diese Fähigkeit zu nutzen, ist zugleich die Grundlage für eine selbstbestimme Lebensgestaltung. Tatsächlich macht es das Lernen überhaupt erst möglich, dass wir unser Ich selbstbestimmt entfalten können.

Neue Türen öffnen

Nach der Schule, der Ausbildung, vielleicht einem Studium und einigen Weiterbildungen sind viele Menschen eher erleichtert, nun nichts mehr lernen zu müssen. Sie sind zufrieden damit, einen gewissen Wissensstand erreicht zu haben, und glauben, ab jetzt davon zehren zu können. Abgesehen davon, dass es völlig unmöglich ist, nicht mehr zu lernen, würde ein solcher Zustand auch den absoluten Stillstand bedeuten. Lernen ist weit mehr als nur Wissensvergrößerung, es bildet vor allem die Grundlage für die persönliche Lebensgestaltung. Dabei geht es längst nicht nur darum, ein bestimmtes Fachwissen zu erwerben.

Das lebenslange Lernen betrifft zuerst die eigene Persönlichkeit: Es geht darum, sich selbst besser zu kennenzulernen, alte Verhaltensweisen durch neue zu ersetzen, die Interaktion mit anderen Menschen erfolgreicher zu gestalten, sich besser Gehör zu verschaffen und andere besser zu verstehen, Gewohnheiten zu durchbrechen, alternative Handlungsmöglichkeiten zu erkennen, wichtige Entscheidungen zu treffen, sich zu Taten zu motivieren oder die eigenen Fähigkeiten ins rechte Licht zu rücken und sehr vieles mehr.

» *Lernen ist weit mehr als reine Wissensvermehrung, es ist die Grundlage für die persönliche Lebensgestaltung.*

Das Lernen ist in jeder Hinsicht grenzenlos. Vor allem betrifft das Lernen alle Bereiche unseres Daseins – und das ein Leben lang. Die Ausbildungs- und sonstigen Abschlüsse, die wir vor mehr oder weniger langer Zeit erworben haben, spielen bei all dem eine eher untergeordnete Rolle. Sicher reichen solche Abschlüsse nicht, um sich ewig darauf auszuruhen.

Wer mit wachen Sinnen und der Bereitschaft, jederzeit und jeden Tag Neues zu lernen, durchs Leben geht, wird ständig neue Perspektiven erfahren. So kann er unendlich viele neue Spielräume für sich erschließen, die eigene Persönlichkeit kontinuierlich weiterentwickeln und neue Türen für sich eröffnen.

Wenn man sich nur einmal ins Bewusstsein ruft, was wir alles nicht wissen, nicht kennen und gar nicht beurteilen können, wird schnell klar, dass noch etliche Dinge darauf warten, überhaupt erst einmal von uns entdeckt zu werden. Allzu oft verbringen wir unsere Zeit mit bestimmten Dingen nur deshalb, weil wir sie kennen und weil wir es gewohnt sind, Zeit damit zu verbringen. Dabei ist es gut möglich, dass wir unsere wahren Interessen vielleicht noch gar nicht gefunden haben – weil wir über so vieles zu wenig wissen.

» *Es ist gut möglich, dass wir unsere wahren Interessen vielleicht noch gar nicht gefunden haben.*

Mir ist es lange selbst so ergangen, dass mich manche Themen einfach nicht interessierten. Das waren ausgerechnet die Themen, über die ich nichts oder so gut wie nichts wusste. Vor einigen Jahren traf ich zufällig ein Imkerpaar. Beide waren voller Enthusiasmus für ihr damaliges Hobby (das sie inzwischen zu ihrem Beruf gemacht haben). Vom Imkern wusste ich bis dahin nichts, ich aß hin und wieder Honig und passte ansonsten auf, im Sommer nicht von einer Biene gestochen zu werden. Als die beiden mir nun ausführlich und voller Begeisterung von ihren Bienen erzählten, musste ich anerkennen, dass es sich wirklich um ein spannendes Thema handelt. Heute schaue ich mit Freude hin, wenn ich eine Biene sehe, die sich in einer Blüte tummelt. Ich bleibe unter einem Baum stehen, der vom Summen der Bienen und Hummeln nur so vibriert. Auf Märkten komme ich ins Gespräch mit den Imkern, die ihren Honig verkaufen. Und wenn es in den Nachrichten um das Bienensterben geht, höre ich aufmerksam zu. – Ich bin jetzt nicht aufmerksamer und interessierter, weil das Thema bedeutsamer geworden ist. Das Einzige, was sich geändert hat, ist allein mein Wissensstand.

Das Lernen bereichert mein Leben

Dazu noch ein Beispiel: In den vorangegangenen Kapiteln ist vielleicht bereits durchgeklungen, dass ich mich sehr für Musik, insbesondere für Klaviermusik interessiere. Dieses Interesse schlummerte schon lange Zeit in mir. Und obwohl ich beruflich sehr eingespannt bin und darüber hinaus noch zahlreichen privaten Aktivitäten nachgehe, habe ich im Jahr 2010 entschieden, Klavier spielen zu lernen. Das war für mich eine große Aufgabe, die sich nicht nebenbei, sondern nur dann bewältigen lassen würde, wenn ich sie mit ganzem Herzen angehe.

In Anbetracht meines zeitaufwendigen Berufes war mir klar, worauf ich mich einlasse, zumal ich sehr viel vollkommen Neues würde lernen müssen. Noch immer gibt es vieles, was ich noch zu lernen habe. Und ich weiß genau, dass mein gesamtes Leben nicht dazu ausreichen wird, um all die musikalischen Tech-

niken und Finessen zu lernen, die ich gerne beherrschen möchte. Doch eines ist klar: Ich werde weiter lernen und habe die größte Freude daran.

Tatsächlich betrachte ich heute die Entscheidung, das Klavierspielen zu erlernen, als eine der besten Entscheidungen meines Lebens. Übrigens eine Entscheidung, die mir weit jenseits von musikalischen Fragen auch persönlich viele neue Impulse und Perspektiven gebracht hat. Diese Entscheidung, etwas zu erlernen, das ich bis dato nicht konnte, das schwierig ist und einen hohen persönlichen Einsatz erfordert, empfinde ich trotz aller Mühen als eine enorme Bereicherung für mein Leben.

Wenn man sich tiefer mit einem Thema wie beispielsweise der Musik befasst, entwickelt man bestimmte Vorlieben und Abneigungen. Dabei konnte ich eine sehr ähnliche Erfahrung machen wie mit den beiden Imkern: Lange Zeit glaubte ich, manche Instrumente nicht zu mögen. Wer Musik mag, weiß viele Instrumente zu schätzen, doch für die Akkordeonmusik konnte ich mich nie erwärmen. Wenn ich ein Instrument nicht mochte, dann dieses, was für einen Pianisten vielleicht besonders ungewöhnlich ist, da einige Spieltechniken bis zu einem gewissen Grad sehr ähnlich sind.

Dann hörte ich einmal zufällig eine CD, auf der ein Akkordeon eine tragende Rolle einnahm – und diese Musik gefiel mir sehr. Erst da wurde mir klar, dass mein Gedanke „Ich mag alle Instrumente außer das Akkordeon" so nicht mehr haltbar war. Es stimmte lediglich, dass ich die Akkordeonmusik, die ich bis dahin kannte, nicht mochte. Und mir war nicht bewusst, wie viel Musik ich eben noch nicht kannte. Diese kleine Erkenntnis zeigte mir abermals, dass tatsächlich jedes Thema spannend sein kann und dass es zu leichtfertig ist, etwas abzulehnen, ohne ausreichend Wissen über die Materie zu haben.

Wo Wissen fehlt, schleichen sich schnell
Vor- und Fehlurteile in unser Denken ein.

Das betrifft jedes nur erdenkliche Sachgebiet oder Thema. Wir wissen doch tatsächlich sehr wenig und verfügen nur auf einigen wenigen Gebieten über genug Fachkenntnis, um uns ein echtes Urteil erlauben zu können. Dennoch neigen wir dazu, uns auch auf diesen Gebieten, auf denen wir wahrlich keine Experten sind, Urteile zu bilden. Wo jedoch Wissen fehlt, schleichen sich allzu schnell Vor- und Fehlurteile in unser Denken ein. Wie bereichernd ist es da, wenn wir Neues lernen, unseren begrenzten Wissensstand erweitern und wenn sich uns dann nach und nach immer mehr Türen öffnen!

Lernen bedeutet persönliche Weiterentwicklung

Durch das bewusste Lernen können wir unsere Potenziale nutzen, unsere wahren Fähigkeiten und so auch unsere Persönlichkeit entfalten. Dabei geht es nicht einmal unbedingt um die großen neuen Erkenntnisse. Vielmehr betrifft das Lernen oft erst einmal die vielen kleinen Dinge des Lebens, die manchmal zu großen Veränderungen und einer Neuorientierung führen. Freuen Sie sich darauf, jeden Tag etwas Neues zu lernen und so Ihre Persönlichkeit zu stärken. Lassen Sie keine Gelegenheit aus, Ihr Wissen zu erweitern und immer wieder neue Optionen für die eigene Lebensgestaltung zu entdecken.

Der Mensch kann zwar gar nicht nicht lernen. Doch statt sich mit dem Minimum zufriedenzugeben, können wir wesentlich mehr lernen, wenn wir tatsächlich lernen wollen und mit Freude bei der Sache sind. Das Lernen erfordert vor allem Lernbereitschaft. In der Praxis bedeutet das, zuhören, beobachten, hinterfragen, alle Optionen wahrnehmen und nicht vorschnell urteilen. Die Lernfähigkeit hängt deshalb primär von unserer inneren Einstellung ab. Wir können jeden Tag und überall neue Erkenntnisse – über die verschiedensten Menschen, Themen und uns selbst – gewinnen, wenn wir nur bereit dafür sind.

Das Lernen ist gleich in doppelter Hinsicht ein wesentlicher Schritt auf Ihrem Weg zum souveränen Ich: Jedes Wissen stärkt Ihr Selbstbewusstsein und verleiht Ihnen mehr Sicherheit. Von Ihrem Wissen profitiert Ihr persönliches Auftreten, sodass Sie gesellschaftlich souveräner agieren können. Hinzu kommt, dass Ihre Lernbereitschaft – gerade weil sie eine Frage der inneren Einstellung ist – nach außen abstrahlt und Ihnen Charisma verleiht. Menschen, die zuhören, haben immer eine bessere Wirkung auf andere als diejenigen, die alles schon zu wissen glauben. Wenn Sie etwas erst ergründen, bevor sie es beurteilen, agieren und wirken Sie weitaus souveräner als diejenigen Menschen, die voreilig urteilen. Und wenn Sie sich auf Fachwissen berufen können, sind Sie überzeugender als derjenige, der bloße Behauptungen aufstellt. So stärkt Ihr Wissen Ihr Ansehen und eröffnet Ihnen zugleich neue Handlungsspielräume.

Mehr über sich selbst lernen

Die Möglichkeiten, in der Hektik des Alltags und in Anbetracht unzähliger Verpflichtungen mehr über sich selbst zu lernen, sind überaus begrenzt. Dafür brauchen wir Muße. Dabei bedeutet Muße mehr, als Zeit für sich zu haben.

Muße bedeutet vor allem, einen Geist zu haben, der nicht ständig mit irgendetwas beschäftigt ist. Das meiste über uns selbst lernen wir erst dann, wenn der Geist zur Ruhe kommt und wenn kein Zwang mehr besteht, dieses oder jenes erledigen zu müssen. Ein

solcher Zustand der Freiheit gibt uns die Möglichkeit,
klarer zu sehen und uns selbst besser zu erkennen.

Reflexionsfragen
- An welcher Stelle ist Ihr Wissen lückenhaft?
- Was wissen Sie (noch) nicht, was Sie jedoch wissen wollen?
- Können Sie sich an Situationen erinnern, bei denen Ihnen zusätzliches Wissen weitergeholfen hätte oder bei denen fehlendes Wissen zum Misserfolg geführt hat?
- Was haben Sie bisher getan, um Wissenslücken zu schließen?
- Was hindert Sie daran, mehr zu lernen?

Den eigenen Kosmos erweitern

Lernen erfordert einen wachen Geist, ist jedoch nicht immer einfach. Vor allem sind wir es mittlerweile gewohnt, alles schnell und mit möglichst wenig Aufwand erreichen zu wollen. Auf manchen Gebieten kann das nicht gelingen. – Sie wollen eine fremde Sprache lernen, zu einem Experten auf einem bestimmten Fachgebiet werden oder Ihr wahres Ich erforschen? Das alles ist möglich, wird jedoch Zeit, Disziplin und Ausdauer erfordern. Wer etwas anderes verspricht, macht leere Versprechungen. Für manche Dinge gibt es schlichtweg keine schnellen Patentlösungen.

Funktionierende Patentrezepte gibt es nicht

Statt die Realisierung eines Zieles systematisch anzugehen, machen sich viele Menschen auf die Suche nach irgendwelchen Wundermethoden, die das Blaue vom Himmel versprechen: die 10 Methoden, wie man den idealen Partner findet, in 12 Schritten Klavierspielen wie Vladimir Horowitz, das 2-Wochen-Konzept zum Abnehmen und und und. Es wäre zu schön, wenn es funktionieren würde. Doch große Aufgaben lassen sich nicht mit kleinem persönlichen Einsatz bewältigen. Immer wieder verblüfft mich die Naivität mancher Menschen, die derartigen Konzepten und Methoden mit blumigen Namen ernsthaft Vertrauen schenken. In der Regel steckt dahinter nichts anderes als gutes Marketing, das uns blendet und uns suggerieren will, auch das Schwierigste mit den einfachsten Mitteln erreichen zu können.

» *Große Aufgaben lassen sich nicht mit kleinem persönlichen Einsatz bewältigen.*

Natürlich, immer mehr Menschen fehlt die Zeit, um sich ernsthaft mit einem Thema zu befassen. Doch irgendwelche großspurigen Konzepte sind letztlich doch nur Wegwerfmethoden – man blättert einmal durch, merkt, dass es so nichts bringt und schon landet das Ganze im Papierkorb. Was ursprünglich Zeit sparen sollte, hat Zeit gekostet, dazu (meist zu viel) Geld und letztlich lässt die vermeintliche Wundermethode die Menschen nur noch frustrierter zurück.

Ist es nicht sinnvoller und erfolgversprechender, eine Sache richtig anzugehen statt zehn Vorhaben im Eiltempo? Das Leben lässt sich nicht mithilfe von Patentrezepten beherrschen. Letztlich kommen wir nicht an einem eigenverantwortlichen Handeln vorbei – und das bedeutet: Wir müssen selbst denken, nachdenken und vorausschauend denken. Das ist mit Anstrengungen, mit Zeit, Ruhe und Muße verbunden. Doch all dies benötigen wir, wenn wir wirklich etwas lernen wollen.

Ich kenne es aus eigener Erfahrung nur zu gut. Bei meinen Seminaren treffe ich immer wieder auf Menschen, die auf den ersten Blick überaus lernbegierig erscheinen. Diese Leute stürzen sich von einem Kurs in den nächsten, besuchen die unterschiedlichsten Seminare, absolvieren eine Weiterbildung nach der anderen – und stellen dann letztlich doch fest, dass sie nicht zufrieden sind und für sich persönlich keinen Schritt weitergekommen sind. Denn sie haben sich in der Unmenge an Angeboten verzettelt und vor lauten Kursen, Seminaren und Weiterbildungen vergessen, substanzielle Lehren zu ziehen und dementsprechend zu handeln.

Lernen bedeutet auch selektieren. Und das bedeutet, genau nachzudenken, was wir warum erreichen wollen. Dann können wir uns bewusst für etwas entscheiden und konsequent handeln. Ziel- und Planlosigkeit beim Lernen ist fast immer Zeitverschwendung, weil am Ende doch kein befriedigender Zustand erreicht wird.

Im Alltag können wir fast schon nebenbei – in Gesprächen, beim Beobachten und durch Zuhören – vieles über unser Umfeld und uns selbst lernen. Dieses Lernen findet permanent statt und erfordert vor allem die innere Lernbereitschaft. Wenn es jedoch darum geht, größere Lernaufgaben zu bewältigen, brauchen wir Zeit, einen Lehrplan und Durchhaltevermögen – auf Patentrezepte zu setzen grenzt dagegen an Selbstbetrug.

Lernbeschleuniger

Auf vielen Menschen lastet heute ein großer Druck: Wer sich insbesondere beruflich den aktuellen Anforderungen nicht stellt, wer es versäumt, das eigene Wissen zu erweitern, gerät früher oder später ins Hintertreffen und wird den Anschluss verlieren. Gleichzeitig suggeriert uns die moderne Gesellschaft, dass wir auch privat etwas Interessantes machen und am besten gleich mehreren spannenden Hobbys nachgehen sollen. Das alles kann erdrückend und überfordernd sein. Ich bleibe jedoch bei meiner Überzeugung, dass es insbesondere für das Erlernen komplexer Themen keine Patentrezepte gibt. Wovon wir jedoch sehr wohl profitieren können, das sind Lernbeschleuniger.

Ein Lernbeschleuniger ist nichts anderes als ein Lehrer. Der Begriff Lehrer ist dabei sehr weit gefasst. Je nach Thema kann so ein Lernbeschleuniger beispielsweise ein Musiklehrer, ein persönlicher Coach oder ein Experte, letztlich jedoch auch jeder Mensch sein, dessen Fachwissen oder Ansätze uns selbst auf die Sprünge helfen können. Und hier zahlt es sich in der Regel aus, auf die Besten ihres Faches zu setzen. Doch daneben können wir von vielen Menschen in unserem Umfeld lernen. Auch diese Gelegenheit sollten wir aktiv nutzen. Denn auch die Großmutter, die dem Enkel zeigt, wie das Familienrezept für den Weihnachtsbraten am besten gelingt, ist eine Lehrerin in diesem Sinne. Und genauso die Siebenjährige, die ihrer fünfjährigen Schwester zeigt, wie sie am besten aufs Klettergerüst kommt. Und natürlich der erfahrene Kollege, der dem jungen Berufsanfänger in der Anfangszeit zur Seite steht, oder eben der professionelle Coach, der seinen Klienten auf dessen Karriereweg begleitet.

» *Ein Lernbeschleuniger kann jeder Mensch sein, dessen Fachwissen und Unterstützung uns beim Lernen auf die Sprünge helfen.*

Auf vielen Gebieten, auf denen wir etwas lernen wollen, kommen wir vor allem deshalb nicht richtig vorwärts, weil wir die Sache auf eigene Faust oder mit falschen Lehrern und Lernmethoden angehen (siehe Patentrezepte). Statt auf der Stelle zu treten, ist es weitaus sinnvoller, sich einen passenden Lernbeschleuniger zu suchen. Das verleiht dem eigenen Anliegen zudem eine größere Ernsthaftigkeit. Es macht einen erheblichen Unterschied, ob wir auf uns allein gestellt etwas lernen wollen (und dann vielleicht doch nicht die Zeit dafür finden) oder ob wir eine verbindliche Vereinbarung mit einem kompetenten Lehrer treffen, der dann auch die Fortschritte im Auge behält und dabei helfen kann, Stolpersteine aus dem Weg zu räumen. Obendrein ist der Blick von außen, also die zusätzliche Perspektive, eine Bereicherung für jeden Lernenden. Und genau das trägt entschieden dazu bei, dass wir unseren Kosmos nachhaltig erweitern.

Lehrer sind also mehr als Wissensvermittler: Sie sind vor allem diejenigen, die Rahmenbedingungen schaffen, die ein nachhaltiges und effektive Lernen überhaupt erst ermöglichen. Sie sind Lernbegleiter, die uns dabei helfen, unsere Kompetenzen besser kennenzulernen, sie auszubauen und tatsächlich einzusetzen. Auf dieser Grundlage helfen uns Lehrer auch dabei, das selbst gesteuerte Lernen zu ermöglichen und in erfolgversprechende Bahnen zu lenken.

Lehrer und Lernender in einer Person

Wir alle brauchen Lehrer und können sie, wenn wir wollen, überall finden. Gerade große Aufgaben lassen sich mithilfe kompetenter Lehrer viel einfacher und schneller bewältigen, als wenn man völlig auf sich allein gestellt ist. Statt allein mit einer Aufgabe zu kämpfen, dabei womöglich herumzustümpern oder sich im Kreise zu drehen, ist es weitaus fruchtbarer, wenn wir bewusst auf das Wissen und die Erfahrungen geeigneter Lehrer setzen. Dass ein solches Lernen auch selbstorganisiert erfolgen kann, zeigt ein sehr schönes Beispiel:

Eine Bekannte von mir hatte schon lange ein großes Interesse an Literatur und wollte mehr darüber erfahren. Gleichzeitig war und ist sie beruflich sehr eingespannt. Sie wollte dennoch nicht darauf verzichten, auf diesem Gebiet ihren

Horizont zu erweitern. Vor einigen Jahren gründete sie dann mit Interessierten aus ihrem Freundeskreis einen Buchklub, wie sie es nennt. Das Ganze fand zunächst im kleinen Kreis, bestehend aus sechs bis acht Leuten statt. Jeder macht dabei einen Literaturvorschlag. Der Vorschlag, der die meisten Stimmen erhält, wird angenommen und das entsprechende Buch wird von allen bis zu einem bestimmten Termin gelesen. Dann treffen sich die Klubmitglieder und diskutieren das zuvor Gelesene. Das führt dazu, dass jeder Einzelne das Gelesene weitaus stärker reflektiert, da die Eindrücke ja später vor der Gruppe in Worte gefasst werden müssen. Zudem profitieren die Klubmitglieder von den Perspektiven und Eindrücken der jeweils anderen. Und auch bei der Auswahl der zu lesenden Bücher vergrößert sich die Spannbreite ungemein, weil neben den eigenen Vorschlägen die Vorschläge der anderen zur Wahl stehen. Damit eröffnet sich für alle ein großer Kosmos an Möglichkeiten.

» *Niemand wurde als Experte geboren!*

Das Beispiel dieses Buchklubs zeigt jedoch noch etwas anderes: Hier sind alle Beteiligten nicht nur passive Rezipienten, sondern zugleich aktive Lehrer für die anderen. Jeder kann seine Eindrücke, seine Meinung und sein Wissen beisteuern. Aus der Summe dieser Eindrücke ergibt sich dann ein Gesamtbild, das ein Einzelner allein vermutlich nie für sich hätte entwerfen können. Und den Beteiligten bereitet das Ganze auch noch große Freude und ist für alle Klubmitglieder längst zur festen Institution geworden. Ein wunderbares Beispiel für selbstorganisiertes Lernen, bei dem alle Beteiligten Lehrer und Lernende zugleich sind.

Lernen stärkt die eigene Persönlichkeit

Jeder kann sich heute Wissen über jedes erdenkliche Thema aneignen. All das Wissen der Welt steht uns im Internet zur Verfügung, in Büchern, in Onlinevorträgen oder Vorlesungen von Experten, teilweise in Fernsehdokumentationen oder eben im Bekanntenkreis. Ein Großteil dieser Möglichkeiten ist sogar kostenfrei. Derart unbegrenzte Möglichkeiten des Lernens hat es bislang in der Weltgeschichte noch nicht gegeben. Und dennoch ergreifen viele die daraus wachsenden Chancen nicht. Nutzen Sie die vielen Gelegenheiten des Lernens, die sich Ihnen bieten, denn Wissen verleiht Ihnen mehr Selbstbewusstsein, verbessert Ihre Ausstrahlung und stärkt Ihre Reputation.

Experten, Menschen, die selbst für andere zum Lehrer werden, sind begehrt. Wenn wir gefragt sein wollen, ist es unabdingbar, sich eine Expertise aufzubauen. Und es ist beinahe unglaublich, was wir in ein, zwei, drei Jahren lernen können, wenn wir uns nur einmal am Tag für eine Stunde mit einem bestimmten Thema ernsthaft befassen. Nebenbei, jedoch systematisch.

Ich stelle immer wieder fest, dass Menschen zwar viel von Expertise sprechen, jedoch gar nicht wissen, was es praktisch bedeutet, sich eine Expertise aufzubauen. Egal, worum es geht, empfehle ich über einen Zeitraum von einem bis drei Jahren eine konsequente Beschäftigung mit einem bestimmten Thema. Wer das umsetzt, verfügt anschließend über Wissen zu einem Thema, das weit über die allgemeinen Kenntnisse hinausgeht. Schon nach dieser überschaubaren Zeit ist man zu einem echten Kenner der Materie geworden und kann, wenn man mag, noch weitermachen und in immer tiefere Dimensionen vorstoßen. Es gibt zum Beispiel berufsbegleitende Masterstudiengänge, die auf ungefähr zwei oder drei Jahre angelegt sind. Mit so einem Aufbaustudium können Sie Ihr Wissen immens erweitern und Ihre beruflichen Qualifikationen deutlich ausbauen und/oder vertiefen. Je nach Studiengang und nach Ihren Einstiegsvoraussetzungen können Sie unter Umständen sogar einen neuen Beruf erlernen.

Ob es um berufliche Themen oder um Gebiete des rein privaten Interesses geht: Das Thema bestimmen Sie selbst. Suchen Sie sich ein bis drei Betätigungsfelder aus und fangen Sie zeitnah an, sich in diese Themen einzuarbeiten. Ein erster Plan könnte beispielsweise so aussehen: Lesen Sie zehn bis zwanzig Bücher über Ihr Thema. Abonnieren Sie themenrelevanten Facebook-Seiten, Blogs oder Newsletter von Experten. Werden Sie Mitglied in Organisationen, die sich mit dem Thema befassen. Knüpfen Sie Kontakte zu Gleichgesinnten und mit potenziellen Lehrern. Besuchen Sie Ausstellungen. Hören Sie sich regelmäßig Vorträge zu diesen Themen an. Hören Sie interessante Radiosendungen. Lesen Sie ausländische Artikel, um den internationalen Forschungsstand zu erfahren. Die Möglichkeiten sind unbegrenzt. Und wenn Sie durchhalten, zählen Sie in wenigen Jahren zu der Elite, die über ein außerordentliches Wissen zu einem Thema verfügt. Das wird Sie auch ganz persönlich stärken.

Reflexionsfragen

— Auf welchen Gebieten würden Lernbeschleuniger Ihnen schneller zu dem Erfolg verhelfen, den Sie sich wünschen?
— Welche(r) Lernbeschleuniger würde(n) Sie weiterbringen?
— Auf welchen Gebieten möchten Sie sich eine (neue) Expertise aufbauen?
— Wann fangen Sie damit an?
— Welche Aktionen unternehmen Sie konkret?
— Welcher Zeitplan ist vorgesehen?
— Wie stellen Sie sicher, dass Sie sich täglich mindestens eine Stunde mit dem Thema befassen?

10. *Meine Zeit gehört mir*

Die Tage, Wochen und Monate rauschen allzu oft nur so dahin. Blickt man zurück, fragt man sich, was man währenddessen alles gemacht hat. Oft eine ganze Menge, vielfach jedoch nicht unbedingt das, was man selbst wirklich wollte. Die meisten Menschen arbeiten ihre Termine ab, erledigen die anstehenden Aufgaben (und schieben andere auf, weil vermeintlich die Zeit dafür fehlt) und spüren letztlich, dass Selbstbestimmung und Zeitplanung zwei Dinge sind, die nicht so recht zueinander passen wollen. Dabei bringt gerade der selbstbestimmte Umgang mit Zeit einen enormen Zugewinn an Souveränität und ist ein wichtiger Faktor für ein freies und unabhängiges Leben.

Zeitsouveränität

Der souveräne Umgang mit Zeit erfordert ein ausgeprägtes Zeitbewusstsein. Nur kommt uns genau das in der Hektik des Alltags mitsamt seinen zahlreichen Verpflichtungen leicht abhanden. In der Dynamik des Tagesgeschehens scheint es oft so, als käme wieder einmal alles zur gleichen Zeit. Im Beruf drohen alle Zeitpläne zu platzen, obendrein ist der Kollege krank und es kommen noch jenseits aller Pläne etliche dringende Angelegenheiten hinzu. Gleichzeitig wollen Sie einen wichtigen Termin vorbereiten, und einen Raum weiter warten bereits die Kollegen darauf, dass Sie zum Meeting erscheinen. Dann sind da noch etliche E-Mails im Postfach, die schon längst beantwortet sein sollten. Dummerweise haben Sie ausgerechnet die letzte Nacht schlecht geschlafen und fühlen sich heute wie gerädert. An Ihr lang geplantes Vorhaben, endlich den Schreibtisch aufzuräumen und die Unterlagen von mittlerweile vorvorletzter Woche zu ordnen, ist gar nicht zu denken. Es brennt an allen Ecken, und Sie haben gerade noch Zeit genug, um das Allernotwendigste halbwegs in den Griff zu bekommen. Währenddessen liegen Ihre Nerven blank, Sie fühlen sich in Zwängen gefangen und sowohl die Freude an der Arbeit als auch die Qualität bleiben auf der Strecke. In solchen Situationen kommt das Privatleben natürlich völlig zu kurz.

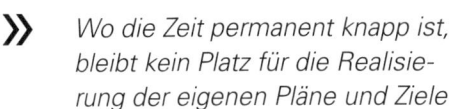

» *Wo die Zeit permanent knapp ist, bleibt kein Platz für die Realisierung der eigenen Pläne und Ziele.*

Das Privatleben hält ebenfalls zahlreiche Verpflichtungen bereit und es stehen auch hier etliche Termine an. Sie haben einen Termin mit einem Handwerker vereinbart, wollen sich schon lange mal wieder mit einem alten Freund treffen, mehr Sport treiben, mal in Ruhe einkaufen gehen, endlich wieder Zeit für Ihr Hobby finden und sich einfach mal ein wenig ausruhen. Das alles passt kaum unter einen Hut, zumal am nächsten Tag der berufliche Stress wieder von vorn losgeht. Also wird der eine Termin auf nächste Woche verschoben und was sich nicht verschieben lässt wird nur noch nach Schema F abgearbeitet. Das lang geplante gemeinsame Abendessen mit Freunden wird dann zur reinen Pflichtveranstaltung, eine Geburtstagseinladung als zusätzliche Lästigkeit empfunden und daran, mehr Zeit mit dem Partner oder der Partnerin zu verbringen, ist ohnehin kaum zu denken.

Ein solcher Zustand klingt dramatisch – und er ist es auch. Denn wer es hier nicht schafft, rasch eine Änderung einzuleiten, riskiert so einiges: von beruflichen Rückschlägen über private Spannungen bis hin zu gesundheitlichen Belastungen. Abgesehen davon, dass unter solchen Voraussetzungen kein Platz für die Realisierung der eigenen Pläne und Ziele bleibt. Obendrein führt ein schlechtes oder gar nicht vorhandenes Zeitmanagement immer zu erheblichen Einbußen bei der persönlichen Souveränität. Es gibt also Gründe genug, sich ernsthaft mit der Thematik Zeitsouveränität zu beschäftigen.

Lieber heute als morgen

Die meisten Menschen, deren Zeitmanagement aus den Fugen geraten ist, wissen genau, dass vieles leichter von der Hand gehen würde, wenn es ihnen nur gelänge, methodischer und strukturierter – und das heißt vor allem: bewusster – ans Werk zu gehen. An guten Vorsätzen in dieser Richtung mangelt es den wenigsten, doch an der Umsetzung hapert es gewaltig. Am Anfang steht oft der Vorsatz, sich endlich aus dem schon sprichwörtlichen Hamsterrad zu befreien. Schade nur, dass ständig etwas Unvorhersehbares dazwischenkommt oder die leidigen Umstände wieder einmal ungünstig waren. Ständig tauchen neue triftige Gründe auf, warum – so bedauerlich es auch ist – wieder nichts daraus wurde. Dann eben nächste Woche, oder übernächste – wenn nicht wieder etwas dazwischenkommt … Das Resultat ist ein unbefriedigender Zustand, der Wochen, Monate, sogar Jahre anhalten kann. Währenddessen werden wichtige Arbeiten und Vorhaben unkoordiniert oder nachlässig ausgeführt, sodass Sie zusätzlich immer mehr Zeit brauchen, um Fehler und Versäumnisse von gestern und vorgestern auszubügeln.

» *Wir haben es selbst zu verantworten, wie wir unsere Zeit einsetzen.*

Der erste Schritt zu mehr Zeitsouveränität klingt profan: Handeln und planen Sie bewusst – und lassen Sie sich Spielräume. Wenn Sie schon am Montag jede Minute der Woche verplant haben, erzeugen Sie selbst einen enormen Zeitdruck und nehmen sich Freiräume und damit jede Flexibilität. Auch wenn Sie beruflich viel zu tun und privat hohe Ansprüche haben: Sie selbst haben es zu verantworten, wie Sie Ihre Zeit einsetzen. Übernehmen Sie die Verantwortung für sich und für Ihr Handeln, anstatt auf widrige Umstände zu verweisen und immer neue Ausreden anzuführen. Wenn Sie sich hiermit einverstanden erklären, brauchen Sie nur noch anzufangen – und der Erfolg ist Ihnen sicher. Die Sache hat einen einzigen Haken: Beginnen Sie mit der Umsetzung nicht nächsten Monat oder nächste Woche und auch nicht morgen, sondern sofort!

Wichtig ist hier, dass Sie sich bewusst machen, dass es allein in Ihrer Verantwortung liegt, Ihre Zeiteinteilung, Ihr Arbeitspensum und auch die Zeit für sich selbst zu organisieren. Souverän mit der zur Verfügung stehenden Zeit umzugehen, heißt vor allen Dingen, dass Sie selbst souverän über Ihre Zeit bestimmen und diese sinnvoll nutzen, ohne sich von Zeitdruck und Zeitnot durch äußere Zwänge beherrschen zu lassen. Es heißt aber auch, dass Sie den Zugriff auf Ihr persönliches Zeitkonto an Prioritäten und persönliche Wertvorstellungen knüpfen. Doch das gelingt viel zu selten. Natürlich gibt es hektische Wochen, währenddessen die Tage nur so an uns vorbeirauschen. Wir fragten uns dann, wo die Zeit überhaupt geblieben ist. Vor lauter Verpflichtungen kommen wir kaum noch dazu, an unsere eigenen Prioritäten zu denken oder daran, was uns innerlich bewegt. Das Ich kommt dann – mal wieder – viel zu kurz.

Man muss es so hart sagen: Auch das ist eine Form der Selbstvernachlässigung, die auf Dauer ihren Tribut zollen wird. Schließlich geht es nicht darum, dass man sich selbst mal ein paar Tage oder Wochen zurücknimmt und die eigenen Bedürfnisse für einen absehbaren Zeitraum hintenanstellt. Vielmehr gehen Monate, Jahre und ganze Lebensabschnitte unwiderruflich verloren. Davon sind ausgerechnet oft die Menschen betroffen, die viel von ihrem Leben erwarten – und ihren Terminkalender deshalb mit Terminen überfrachten, was dazu führt, dass sie kaum noch etwas mit Genuss und echter Hingabe machen können. Jeder Termin, gleich welcher Art und ob beruflich oder privat, wird dann zu einer Pflichtübung. Das kann keine Befriedigung bringen, schon gar nicht, wenn die Reaktion darauf ist, sich immer noch mehr aufzubürden. Die Ausrede ist dann: „Ich würde ja gerne, doch ich habe keine Zeit. Ich kann mir nicht einfach etwas Ruhe und Freiraum für mich selbst nehmen." Und genau das ist eine glatte Lüge.

Nehmen Sie sich die Zeit, Zeit zu haben

Wie so vieles im Leben ist auch die Sache mit der Zeit eine Frage der eigenen Entscheidung. Letztlich wird doch niemand dazu gezwungen, zu viel zu arbeiten, zu viele Termine anzunehmen und sich mit immer mehr zu belasten. Ich kann mich nur darüber wundern, dass sich so viele Menschen zu wenig Zeit für sich nehmen und ihr Leben an sich vorbeisausen lassen oder dem Irrglauben aufsitzen, ein voller Terminkalender sei gleichbedeutend mit einem erfüllten Leben. Das ist es sicher nicht. Wer von einer Woche in die nächste hetzt, hat dabei kaum Chancen, sich wirklich über das eigene Leben bewusst zu werden. Zwar klagen viele über den angeblichen Zeitmangel, doch unternehmen nur wenige etwas dagegen.

» *Willst du Zeit zum Leben haben, nimm sie dir!*

Wenn ich mir sage, dass es mir wichtig ist, abends ein wenig Zeit für mich zu haben und für die Dinge oder Menschen, die mir Freude bereiten, kann es nicht sein, dass es mir dann doch wieder nicht wichtig genug ist, mir die Zeit dafür zu nehmen. Wenn es mir wichtig ist, nehme ich mir die Zeit. Ich entscheide mich bewusst dafür. Und das können durchaus radikale Entscheidungen sein, für deren Konsequenzen ich geradestehe. Doch es gibt eben nur zwei Möglichkeiten: Entweder ich treffe selbst die Entscheidung, was ich tun möchte und was ich nicht, mit wem ich Zeit verbringe und mit wem nicht – oder die gehetzte Dynamik des Tages entscheidet für mich. Doch wenn ich die Entscheidung aus der Hand gebe, werde ich mich irgendwann wundern, dass mein Leben nicht mehr mir gehört, dass ich mir selbst nicht mehr gehöre.

Sich Zeit zu nehmen, ist dabei alles andere als eine egoistische Entscheidung. Es ist vielmehr eine Erinnerung daran, dass wir einen Lebenszweck und individuelle Ziele haben und jeden Tag etwas dafür tun können, unser Leben so zu gestalten, dass wir unserem Ich gerecht werden. Und davon profitiert auch unser Umfeld.

Zeit in Tel Aviv

Israel und Tel Aviv sind für mich zu einem Domizil des aktiven, bewussten Lebens und der inneren Einkehr geworden. Auch wenn ich schon oft dort gewesen bin, fällt mir jedes Mal wieder gleich am ersten Tag auf, wie viel Zeit sich die Menschen hier nehmen und wie viel Geduld sie an den Tag legen. Diese Mentalität zeigt mir immer wieder, dass beides zu einem gelassenen Leben gehört: Zeit und Geduld. Ganz gleich, wie viele Menschen an der Rezeption im Hotel warten, die Mitarbeiter nehmen sich Zeit, einen zu begrüßen. Persönlich und herzlich. Es ist egal, wie viele Autos hinter einem warten, der Taxifahrer nimmt sich Zeit, einem eine Rechnung auszustellen und die Koffer in aller Ruhe auszuladen. Wenn ich etwas länger an der Kasse in einem Markt brauche, um ein paar Artikel zu bezahlen, zeigen weder Kunden noch Kassenpersonal Anzeichen von Ungeduld.

Und dann scheint sich selbst die ganze lebhafte Stadt Zeit zu nehmen – zum Schabbat. Der Verkehr ruht, die Geschäfte haben geschlossen, alles wird ruhig und die Stadt scheint es einem vorzumachen: Auch wenn alles zur Ruhe kommt, geht das Leben doch weiter – es wird sogar intensiver als in den hektischen Tagen. Kein Wunder, dass ein Besuch in Israel für mich immer wieder wie eine mahnende Erinnerung ist, mir die Zeit zu nehmen, Zeit zu haben.

Wann haben Sie sich das letzte Mal bewusst entschieden, Zeit zu haben? Zeit für die anderen, Zeit für Freunde, Zeit für sich selbst, Zeit für Ihre eigenen Projekte. Wenn Sie sich diese Zeit nicht nehmen, wird Ihnen die Zeit genommen und Sie gehören zum Klub der Dauergestressten, die für nichts mehr Zeit haben und sich persönlich kaum noch weiterent-

wickeln. Zeit zu haben setzt voraus, dass wir Zeitsouveränität über unser Leben ausüben. Dass wir also selbst und sehr
bewusst entscheiden, was wir erleben, mit wem und womit
wir Zeit verbringen. Dazu gehört natürlich ein Bewusstsein
darüber, was uns wirklich erfüllt.

Solange es uns nicht bewusst ist, dass es in unserer Macht
liegt, über die Zeit, die wir zur Verfügung haben, auch bestimmen zu können, werden wir keine Zeitsouveränität
ausüben. Immer wieder einmal innezuhalten, bedeutet für
mich, erneut zu entdecken, dass wir Zeit für uns haben und
uns diese Zeit nehmen dürfen, ohne ein schlechtes Gewissen
zu haben. Leben heißt, sich Zeit zu nehmen. Zeit für das
eigene Leben. Wer keine Zeit für die wesentlichen Aspekte
des Lebens mehr hat, lebt auf die Dauer unglücklich. Wer
nur meint, funktionieren zu müssen, sollte dringend darüber
nachdenken, was passieren wird, wenn er nicht mehr funktioniert.

Reflexionsfragen
- Wann nehmen Sie sich Zeit für sich?
- Wenn nicht, warum tun Sie es nicht?
- Aus welchen Gründen haben Sie ein schlechtes Gewissen, sich Zeit für sich, Ihre Lieben und Ihre Projekte zu nehmen?
- Wie könnten Sie eine tägliche Disziplin entwickeln, um sich Zeit für sich zu nehmen?
- Wann planen Sie Ihre nächste Auszeit?
- Wie stellen Sie sicher, dass dieser Plan nicht vereitelt wird?

Zeitkonventionen

In meinen Seminaren bekomme ich von den Teilnehmenden immer wieder zu hören, dass sie es einfach nicht mehr schaffen, sich Zeit für die wichtigsten Personen und Themen in ihrem Leben zu nehmen. Das Tempo des Lebens ist rasant geworden. Das Leben hat eine geradezu brutale Geschwindigkeit, sodass wir selbst kaum noch mithalten und am Ende einer Woche oder eines Monats wieder nur feststellen können, dass wir nichts von dem geschafft haben, was wir uns privat vorgenommen hatten.

» *Kaum jemand mag sich eingestehen, kaum noch Zeit zum Leben zu haben.*

Obwohl es uns alle betrifft, fällt es vielen Menschen sehr schwer, ehrlich über das Thema Zeit und über ihre persönliche Lebenszeit zu sprechen. Nicht nur, weil eine ehrliche Reflexion Ängste weckt und die eigene Unzufriedenheit ans Tageslicht befördert, sondern auch, weil Erfolg und Termindruck mit der dazugehörigen Überlastung fast schon zu so etwas wie Statussymbolen geworden sind. Wer wenig Zeit hat, ist gefragt, gilt als wichtig und als Machertyp. Natürlich ist das nur der äußere Schein, der obendrein eine klare Sicht auf das eigene Innere verschleiert. Wer mag sich schon eingestehen, letztlich nicht einmal mehr Zeit zum Leben zu haben?

Zeit zum Leben

Darum geht es. Um nichts weniger. Denn alle Arbeit und Verpflichtungen führen doch zu nichts, wenn am Ende keine Zeit mehr für uns selbst bleibt. Es wird immer mehr gearbeitet, um Kosten zu decken, um den Lebensstandard aufrechtzuerhalten. Das mag richtig und kurzfristig sogar befriedigend sein. Auf die Dauer wird der Sinn der Arbeit jedoch nicht mehr richtig erkannt. Und vor allem der Sinn des Lebens nicht. Wozu das Ganze? Warum tun wir das überhaupt? Wo bleibe ich als Mensch überhaupt? Was ist aus all meinen Träumen geworden? Das sind Fragen, die auftauchen, wenn die Arbeit und das, was man tut, nicht mehr sinnvoll erscheinen.

Es geht auch darum, den Wert privater Beziehungen und persönlicher Interessen zu erkennen und beides wieder in den Vordergrund zu rücken. Fangen Sie deshalb am besten sofort damit an, sich Ihren Kalender anzuschauen und Zeitfenster für sich, Ihre Interessen, Ihre Familie, Ihre Freunde, Ihre Beziehung, Ihre Auszeiten einzurichten. Wenn Sie glauben, es geht nicht, dann machen Sie es möglich. Ohne Wenn und Aber. Wenn Sie sich morgen ein Bein brechen würden, hätte Sie schließlich auch die Zeit, sich versorgen zu lassen. Also haben Sie auch Zeit für die Dinge, die Ihnen wichtig sind.

Falls Sie dennoch glauben, dass Sie sich einfach keine Zeit für sich nehmen können, hilft es vielleicht, einmal über unsere Zeitkonventionen nachzudenken. Denn auch – eher sogar: insbesondere – im Umgang mit der Zeit haben wir viele feste Gewohnheiten entwickelt, und das auf sehr vielfältige Weise: Wir haben uns auf (Tages-)Zeiten festgelegt, die wir für die unterschiedlichen Aktivitäten nutzen. So betrachten die meisten berufstätigen Menschen die Zeit nach Feierabend als Freizeit, die Stunden vor der Arbeit meist jedoch nicht. Deshalb werden Freizeitaktivitäten oft in die frühen und späteren Abendstunden gelegt, was letztlich nichts anderes ist als eine Konvention. Jeder Mensch hat seine Zeiten und seinen persönlichen Tagesrhythmus – und nahezu jeder ist überzeugt, bestimmte Aufgaben zu festen Tageszeiten am besten erledigen zu können. Die einen fühlen sich am frühen Morgen besonders konzentrationsfähig, andere entfalten am späten Abend ihre Kreativität. Gerade weil die Menschen so unterschiedlich sind, gibt es inzwischen in vielen Berufen gleitende Arbeitszeiten, die gerne genutzt werden – und es ist ja auch sinnvoll, dann zu arbeiten, wenn man sich persönlich am besten in der Lage dazu fühlt. Gerade Selbstständige krempeln ihren Tagesablauf oft völlig um, manche von ihnen lieben es, nachts zu arbeiten, während andere schon bei Sonnenaufgang loslegen. – Auch das sind Konvention, allerdings selbst gewählte.

Zeitkonventionen betreffen jedoch nicht nur den Tages- oder Wochenverlauf, sondern das gesamte Jahr. So werden wir jeden Herbst erneut daran erinnert, dass bald schon wieder ein Jahr zu Ende geht. Man fragt sich, ob man die Ziele für das Jahr erreicht hat – und stellt fest, dass dafür nur noch wenig Zeit bleibt. Doch auch solche Zeitkonventionen sind überaus relativ. Wenn wir im Herbst an das nahende Ende des Jahres denken, hat nach dem jüdischen Kalender das neue Jahr längst begonnen. Und in der jüdischen Kultur ist das neue Jahr ein Anlass, sich einmal selbst zu hinterfragen und zu überlegen, was in unserem Umfeld besser gemacht werden kann, und vor allem, wie man selbst ein besseres Leben führen kann.

Doch auch abgesehen von solchen Anlässen, die völlig unterschiedlichen Konventionen folgen, lohnt es sich, zu einem nicht durch Konventionen festgelegten Zeitpunkt die Frage zu stellen, was man selbst anders machen könnte. Denn wir machen unsere Planung viel zu oft von einem konventionellen Zeitverständnis abhängig: neues Jahr, Quartalsende, Halbjahr, Tageszeiten, Wochentag oder Wochenende. Natürlich erfüllen solche Zeitkonventionen einen Zweck, gerade wenn es darum geht, gemeinsame Zeiten zu planen. Doch für die Realisierung unserer persönlichen Pläne kann es sinnvoll sein, sich bewusst von den herkömmlichen Zeitkonventionen zu lösen.

Antizyklisch planen und handeln

Bei unendlich vielen Aufgaben machen wir uns selbst von Zeitkonventionen abhängig. Wir wollen dieses oder jenes fertig bekommen, bevor das Jahr zu Ende ist, im Frühling die Wohnung auf Vordermann bringen und bis zum Sommer ein paar Kilos abnehmen; wochentags gehen wir arbeiten und am Wochenende wollen wir die wenige Freizeit genießen; morgens am Tag soll alles schnell gehen und abends gönnen wir uns etwas Ruhe. – Von den kleinen und alltäglichen bis zu den großen und außergewöhnlichen Dingen sind nahezu alle Planungen und Handlungen an Konventionen gekoppelt, was von kaum jemandem hinterfragt wird.

In unserem Leben übernehmen wir die von außen vorgegebenen Zeitkonzepte, meist ohne uns jemals zu fragen, ob diese Konzepte überhaupt für alle Bereiche unseres persönlichen Lebens passend sind. Durch die Bewusstwerdung und die Befreiung von diesen Konventionen können wir unsere innere zeitliche Freiheit zurückgewinnen und vielleicht sogar wieder Momente der Zeitlosigkeit empfinden. Wenn ein Raum oder Schreibtisch durcheinandergeraten ist, können wir ihn aufräumen und alles neu sortieren, bis er wieder zu den eigenen Bedürfnissen passt. Das lässt sich auch auf den Umgang mit der Zeit übertragen. Wenn Uhrzeiten, Tage und Wochen nicht mehr mit Aufgaben und Terminen zusammenpassen, können wir aufräumen, alles so sortieren, dass es zu uns passt, und dabei vielleicht völlig neue Zeiträume für uns entdecken.

» *Auch Zeitabläufe lassen sich wie ein durcheinandergeratener Schreibtisch neu ordnen.*

Wir können unsere eigenen Zeitabläufe, Rhythmen und zeitlichen Kontexte neu ordnen, in ein anderes Verhältnis zueinander setzen und dabei überholte und für uns unbrauchbare Zeitvorstellungen ersetzen. Dabei kann uns eine Art innere Selbstbefragung zu mehr innerer Freiheit gegenüber der Zeit zurückführen. Wir können uns fragen, wie es überhaupt kommt, dass wir so oft zu viel, jedoch so selten zu wenig zu tun haben, und wie wir selbst dazu beitragen, dass sich die Anzahl der Aufgaben ständig vergrößert. Und wir können uns fragen, ob wir unsere Zeitkonzepte für Aufgaben als inspirierend oder eher als beengend empfinden. Vieles können wir selbst beeinflussen und dabei bedenken, dass wir viele Zeiträume und eben Zeitkonventionen selbst neu festlegen können.

Das bedeutet nicht nur, dass neue Tagesabläufe oder weit weniger streng reglementiere Tagesabläufe entstehen können. Es heißt außerdem, dass wir uns neue Arten der Planung zumindest gedanklich gestatten. Warum heben wir uns die guten Vorsätze für das neue Jahr auf? Warum wollen wir ab dem nächsten Geburtstag dieses oder jenes nicht mehr tun? Und warum suchen wir uns für diese Vorhaben nicht einen Zeitpunkt, der sich am besten für die Umsetzung eignet, statt –wie es die Konventionen wollen – auf ein letztlich doch völlig beliebiges Datum zu warten?

Überlegen Sie, ob Sie Ihre Pläne einmal völlig neu justieren und sich dabei weniger an von außen gesetzten Daten orientieren, sondern mehr an Ihren Bedürfnissen und Möglichkeiten. Eine antizyklische Planung gibt Ihnen Freiheiten, hilft Ihnen dabei, Gewohnheiten infrage zu stellen und aus einer neuen Perspektive auf Ihre persönliche Zeitplanung zu blicken. Letztlich hält Sie nichts davon ab, sich Ihren Tag, Ihre Woche oder das Jahr mehr nach Ihren Bedürfnissen und Präferenzen auszurichten und weniger an Konventionen.

Synchrones Handeln

Wenn ich mir manchmal das geschäftige Treiben um mich herum ansehe, sehe ich nicht selten viele Menschen zur gleichen Zeit dasselbe tun. Ich selbst mit inbegriffen. Wir haben unser Leben bereits derart an vorgegebene Zyklen angepasst, dass wir vielfach ein synchrones Verhalten zeigen: Wir gehen gleichzeitig einkaufen, wenn die Geschäfte voll sind, fahren zur gleichen Zeit in den Urlaub, wenn die Staus am längsten sind, und gehen ins Kino, wenn es lange Schlangen an der Kinokasse gibt. Ich ertappe mich selbst durchaus des Öfteren bei diesem Verhalten.

Es gibt jedoch keinen vernünftigen Grund, sich dieser Synchronizität anzupassen, außer wir konstruieren uns die Notwendigkeit selbst. Denn tatsächlich haben wir sehr wohl einen Einfluss darauf, wann wir welche Handlungen vornehmen. Niemand ist gezwungen, seine Weihnachtsgeschenke eine Woche vor dem Fest

einzukaufen – wir machen es dennoch immer wieder.
Wenn Sie bewusst asynchron handeln, ersparen Sie sich nicht nur viel Stress, Sie erhalten auch ein neues Zeitbewusstsein und können viele Ihrer Handlungen besser steuern. In der Folge handeln Sie bewusster, nämlich nicht mehr zwangsläufig gleichzeitig mit allen anderen, sondern den eigenen Bedürfnissen entsprechend.

Ich kenne zum Beispiel einen Unternehmer, der jedes Jahr eine Weihnachtsfeier für seine Angestellten ausgerichtet hat, obwohl er wie die meisten anderen auch in der Vorweihnachtszeit meist gestresst ist und sich bei ihm selbst die Einladungen zu Weihnachts- und Adventsverabredungen stapeln. Irgendwann wurde es ihm zu bunt und er beschloss kurzerhand, keine Firmenweihnachtsfeier mehr durchzuführen. Stattdessen terminierte er die jährliche Firmenfeier auf Ende Januar. – Das hatte gleich mehrere positive Effekte: Seine eigene Vorweihnachtszeit verlief seitdem deutlich entspannter. Und für seine Angestellten bedeutete diese Entscheidung offenbar ebenfalls eine Entlastung, denn viele von ihnen kamen auf ihn zu und sagten ihm, was das für eine gute Idee sei. Im Januar war es zudem viel einfacher, ein geeignetes Lokal für die Feier zu finden, und es kostete weniger als zur Weihnachtszeit. – Dieses bewusste Heraustreten aus der Synchronizität hatte also für alle Beteiligten nur Vorteile gebracht.

Reflexionsfragen
- Welche zeitlichen Konventionen passen nicht zu Ihren persönlichen Bedürfnissen?
- Wie können Sie Ihre persönlichen Zeiten und Wünsche besser in Ihre Terminplanung integrieren?
- An welchen Stellen folgt Ihre Terminplanung von außen vorgegebenen Zeitkonzepten und nicht Ihren eigenen Bedürfnissen und Fähigkeiten?
- Wo gibt es in Ihrem Leben geeignete Ansatzpunkte, um aus der Synchronizität des Handelns auszusteigen?

Zeit und Geld

Die Zeit wird oft für knapp befunden und ein Geldmangel verursacht viele Sorgen. Obendrein geht das eine häufig zulasten des anderen: Wer genug Geld hat, dem fehlt es oft an Zeit – und umgekehrt. Kein Wunder also, dass unser Verhältnis sowohl zum Thema Geld als auch zum Thema Zeit mitunter problematisch ist. Dabei ist Zeit eine Ressource, die immer in gleicher Menge vorhanden ist. Ein Tag hat immer die gleiche Anzahl Stunden, Minuten, Sekunden und wird dies ebenso in Zukunft haben. Es ist also nicht wahr, dass wir weniger Zeit zur Verfügung haben, wir haben nur viel mehr zu tun in der gleichen Zeit. – Und so bleibt für die einzelne Tätigkeit in der Tat weniger Zeit. Oft ist es sogar zu wenig Zeit, und wir geraten in Zeitnot. Das heißt, der einzige Ansatzpunkt, um hier etwas zu verändern, ist das eigene Verhalten.

» *Der einzige Ansatzpunkt, um etwas gegen Zeitnot zu unternehmen, ist das eigene Verhalten.*

Keine Zeit zu haben, gilt heute vielfach beinahe als Synonym für Erfolg. Denn wer ständig in Eile ist, das Tempo immer weiter erhöht und Dringendes zu erledigen hat, gilt als jemand, der gebraucht wird. Hier liegt eine gewisse Verführung, sich selbst stärker unter Zeitdruck zu setzen, als es tatsächlich nötig ist. Denn wer dringende Aufgaben zu erledigen hat, erfährt eine Wertschätzung seiner Leistungsfähigkeit und Qualifikation und empfindet Dringlichkeit deshalb nicht selten sogar als Statussymbol. Das ist jedoch ein Irrtum. Wer ständig in Zeitnot ist, macht etwas verkehrt. Abhilfe bringt nur ein bewussterer Umgang mit Zeit. Das bedeutet vor allem, zu einer selbstbestimmten Zeiteinteilung zurückzufinden. Dazu gehört, der Erholung, der Muße und der Zeit für Stille und Kreativität eine ebenso große Bedeutung wie der Arbeitszeit und anderen Verpflichtungen zuzugestehen. Für die Praxis heißt das, sich Spielräume zu erhalten und nicht jede Minute bereits im Vorfeld zu verplanen.

Geldverdienen kostet oft viel Zeit

Einen Großteil der Zeit allein zum Geldverdienen zu verbrauchen, kann auf Dauer nicht befriedigend sein. Statt mehr Zeit für das Geldverdienen zu verwenden, ist es ohnehin sinnvoller, sich zunächst das eigene Verhältnis zum Geld bewusst zu machen. Genau das ist häufig überaus angespannt, in vielen Fällen sogar, obwohl mehr als genug Geld vorhanden ist. Ich kenne ein überaus wohlhabendes Ehepaar – sie ist Fachärztin, er ist Ingenieur. Beide zählen eindeutig zu den Besserverdienenden, allerdings arbeiten beide auch viel. Deshalb wollen sie etwas für ihr Geld haben. Sie kauften sich allerlei Luxusgüter, irgendwann auch das obligatorische Haus, dann – schon wenige Jahre später – ein zweites, größeres Haus. Dafür mussten sie einen größeren

Kredit aufnehmen. Bei dem hohen doppelten Einkommen war das kein Problem.

Natürlich haben beide jeweils ein Auto der höheren Preisklasse. Dummerweise hatte das neue Haus nur einen Stellplatz. Schnell wurde die Garage vergrößert. Das kostete natürlich, zumal die neue Garage zur Fassade des Hauses passen sollte. Die Fassade ist nun eine spezielle, besteht sie doch fast nur aus Glas. Mit anderen Worten – sie ist teuer. Und zweimal im Jahr muss eine Firma eigens für die Reinigung der Fassade engagiert werden. Natürlich wird dafür nicht der günstigste Anbieter genommen. Dann gibt es einen großen Garten, der zwar so gut wie nie genutzt wird, dafür aber top gepflegt sein muss. Das erledigt selbstverständlich ein Gartenbauunternehmen. Auch im Inneren des Hauses sind ständig unterschiedliche Handwerker zu Gange, die neue Möbel liefern, neue Elektronik in Sachen Smart Home installieren und natürlich alles sauber halten.

Um es etwas abzukürzen: All dieser Luxus verursacht enorme Kosten. Die laufenden Kosten wurden von Jahr zu Jahr höher. Inzwischen können es sich die beiden überhaupt nicht mehr leisten, beruflich kürzer zu treten und womöglich weniger zu verdienen. Im Gegenteil: Beide müssen jede Gelegenheit nutzen, um noch mehr Geld zu verdienen, weil sie sich sonst den hohen Lebensstandard mit den laufenden Kosten nicht mehr würden leisten können.

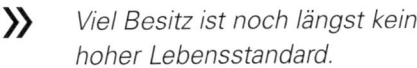

» *Viel Besitz ist noch längst kein hoher Lebensstandard.*

Die beiden sind tatsächlich überzeugt, einen sehr hohen Lebensstandard zu haben. Doch haben sie den wirklich? Auf jeden Fall verfügen sie über sehr viel exquisiten Besitz. Allerdings müssen sie auch einen extrem hohen Aufwand betreiben, um ihren Lebensstandard aufrechterhalten zu können. Das kostet die eine oder andere schlaflose Nacht, strapaziert die Nerven, führt zu Streitereien und kostet vor allem enorm viel Zeit. Unterm Strich geht es so weit, dass die beiden am Ende weder Zeit noch Geld haben. Wahren Genuss und Zeit zu leben haben die beiden jedenfalls nicht. Die Frage, ob das Paar mit etwas weniger Geld, etwas weniger Luxus und dafür mit mehr Zeit und einem größeren Bewusstsein für seine wahren Bedürfnisse nicht weitaus glücklicher wäre, ist überaus berechtigt. Für mich ist die Antwort eine klare Sache.

Es ist Ihre Zeit

Geld, Komfort und ein gewisser Luxus haben natürlich ihre Vorzüge, doch manchmal ist der Preis, den sie uns kosten, viel zu hoch – vor allem dann, wenn wir so viel Zeit dafür aufwenden müssen, dass sich das Leben letztlich um kaum etwas anderes mehr dreht als darum, den „hohen Lebensstandard" aufrechtzuerhalten. Hier hilft es, sich immer wieder ins Bewusstsein zu rufen, dass es folgenschwer ist, Zeit zu verlieren. Das gilt insbesondere dann, wenn bereits ein gewisser Wohlstand erreicht ist. Ab einem bestimmten Punkt kann der Drang nach dem Mehr zu einem spürbaren Weniger führen. Geld zu verlieren mag unangenehm sein, doch ist dieses Geld eben nicht zwangsläufig für alle Zeit verloren und wir haben immer wieder Möglichkeiten, es uns zurückzuholen. Bei der Zeit sieht es anders aus: Verlorene Zeit ist unwiederbringlich dahin, deshalb sollten wir sie nutzen.

Ein bewusst gestalteter Umgang mit Geld kann dazu einen wesentlichen Beitrag leisten. Es geht darum, den Punkt zu erkennen, ab wann der Preis für noch mehr finanziellen Reichtum zu hoch ist. Am vorteilhaftesten ist es, wenn sich sowohl das Geld- als auch das Zeitkonto im Plus befinden.

Sicher ist, dass ein anhaltendes Minus auf dem Zeitkonto uns auf Dauer krank und unglücklich macht.

Wenn wir uns wirklich bewusst machen, dass unsere Zeit begrenzt ist, ändert sich damit auch unsere Lebenseinstellung. Denn wir erkennen wieder den Wert der Zeit und sind damit eher in der Lage, die zur Verfügung stehende Zeit zu unserem wahren Vorteil zu nutzen.

Richten Sie Ihre Zeitaufwendungen an Ihren persönlichen Prioritäten und Wertvorstellungen aus. Es stärkt Ihr persönliches Engagement und Ihre Zufriedenheit, wenn Sie für Aufgaben, die Sie selbst für wichtig erachten, entsprechend viel Zeit aufwenden, und umgekehrt. Denn beim souveränen Umgang mit Zeit geht es darum, Zeit zu möglichst großen Anteilen selbstbestimmt und bewusst einzusetzen.

Reflexionsfragen

- Wie sieht Ihr persönliches Zeitkonto aus?
- Wenn es im Minus ist – was können Sie ändern, um wieder ein Plus zu erzielen?
- Wofür wenden Sie die meiste Zeit Ihres Lebens auf?
- Wofür leben Sie?
- Wie viel Zeit nehmen Sie sich für die Erfüllung Ihres Lebenszwecks?

11. Geschenke des Lebens

Zeit und Geld können wichtige und durchaus legitime Antreiber im Leben sein. Doch manchmal machen sie Menschen auch zu Getriebenen. Termindruck, Leistungsdruck, Erfolgsdruck. – Stress wird zum Dauerzustand und das Leben ist geprägt von Zwängen und Verpflichtungen. Das Selbst kann dabei nur auf der Strecke bleiben, denn an eine Entfaltung des souveränen Ichs ist unter diesen Umständen nicht zu denken. Wenn wir so leben, gehören wir letztlich nicht uns selbst und die wahren Geschenke des Lebens bleiben uns größtenteils verwehrt. Anders ausgedrückt: Wir verpassen unser eigenes Leben oder zumindest wichtige Teile davon.

Mehr leben

Den Weg zum souveränen Ich zu beschreiten, heißt für mich deshalb vor allem: mehr leben und wirklich das eigene Leben leben. Ich will am Ende meines Lebens nämlich nicht die Dinge bereuen, die ich *nicht* getan habe. Und schon gar nicht die Dinge, die ich nicht getan habe, weil irgendwelche äußeren Zwänge und Fremdbestimmungen mich davon abgehalten haben. Deshalb versuche ich, das zu tun, was mir wichtig ist und mir am Herzen liegt. Und ich versuche, es *jetzt* zu tun und nicht morgen oder übermorgen oder wenn diese oder jene Umstände sich erst einmal verändert haben werden.

Die schönen und die wichtigen Dinge im Leben

Es ist ein tolles Gefühl, das zu tun, was man liebt und was einem wichtig ist. Man erfüllt auf diese Weise das eigene Leben mit Sinn und verschafft sich selbst tiefe Zufriedenheit und Glück. Ein positiver Effekt davon ist: Durch diese erlebbare und selbst gestaltete Sinnhaftigkeit ist klar, warum und wofür man etwas tut und sich engagiert. So werden notwendige, alltägliche und eher ungeliebte Aufgaben mit mehr Motivation erledigt und gehen leichter von der Hand. Denn auch sie fügen sich in das große Ganze, das das eigene Leben ausmacht und Sinn und Glück verspricht. – Ein einfaches Beispiel: Ein begeisterter Hobbymaler entschließt sich dazu, endlich seinen Dachboden zu einem Atelier auszubauen. Er liebt das Malen und schon die Aussicht auf ein eigenes Atelier, das er nach seinen Wünschen gestalten kann, beflügelt seine Kreativität. Doch bevor das Atelier Realität wird, gibt es etliche Aufgaben zu erledigen, die rein gar nichts mit der schönen Kunst zu tun haben: Dachboden entrümpeln und sauber machen, Sperrmüll entsorgen, zum Baumarkt fahren und Material einkaufen, den Fußboden abschleifen und versiegeln, alle Fenster putzen, die Wände streichen, sämtliche Malutensilien auf den Dachboden schaffen. All das erledigt der Hobbymaler zielstrebig und ohne zu zögern, denn er weiß genau, wofür er das tut.

» *Wenn wir tun, was wir lieben und was uns wichtig ist, erfüllen wir unser Leben mit Sinn und verschaffen uns selbst Zufriedenheit und Glück.*

Ein tolles Gefühl verschafft einem nicht nur das richtige Was, sondern auch das richtige Wie. Sprich, wenn man Aufgaben und Vorhaben auf die Art und Weise umsetzen kann, die man selbst für richtig hält. Das bezieht sich nicht nur auf praktische und/oder methodische Fragen, sondern vor allem auf die eigenen Überzeugungen und Wertvorstellungen, die in die Umsetzung mit einfließen. Wenn diese im Einklang steht mit der eigenen Persönlichkeit, den Wertvorstellungen, Wünschen und Zielen, dann ist auch sie ein Ausdruck unserer souveränen Ichs und bereichert unser Leben.

Nehmen Sie zum Beispiel Ihre berufliche Tätigkeit. Als Coach betreue ich etliche Selbstständige, die die Rahmenbedingung ihres Arbeitsalltages großenteils selbst bestimmen können. Einige meiner Klienten entscheiden sich zum Beispiel bewusst dafür, keine unbezahlten Praktika anzubieten, weil sie diese Art der (Selbst-)Ausbeutung falsch finden und nicht befördern möchten. Sie investieren stattdessen Zeit und Geld in die jungen Menschen, die bei ihnen ein Praktikum machen wollen, weil sie es wichtig finden, dass sie wirklich davon profitieren und angemessen bezahlt werden. – Wenn sie mir dann von ihrer Praktikantin oder ihrem Praktikanten erzählen, sprechen sie häufig voller Begeisterung. Ich kann spüren, wie zufrieden es sie selbst macht, ihrer Überzeugung treu geblieben zu sein, anstatt sich zu einem Verhalten hinreißen zu lassen, das zwar in etlichen Fällen rechtens und durchaus akzeptiert ist, jedoch ihrem Selbst widersprechen würde.

Nein sagen und sich abgrenzen

Mehr leben, heißt nicht nur, das zu tun, was man liebt und was einem wichtig ist. Es heißt andersherum auch, die Dinge nicht zu tun, die man falsch findet, die einem selbst nicht guttun oder für einen selbst unwichtig sind. Das mag auf einige Menschen vielleicht arrogant oder selbstgefällig wirken, doch es ist oft eine Art von Selbstschutz und eine unerlässliche Maßnahme, um nicht vom eigenen Weg abzukommen. Dabei geht es manchmal um scheinbar triviale Sachverhalte: Müssen Sie unbedingt zu einem Klassentreffen hingehen, nur weil Sie glauben, es würde von Ihnen erwartet, dort anwesend zu sein? Und das auch, wenn Sie sich gar nicht auf ein Wiedersehen mit den anderen freuen und die Aussicht auf diese Veranstaltung Sie stresst? Warum? Oder denken Sie an einen ruhigen Freitagabend, den Sie sich verdient und den Sie nötig haben. Dennoch gehen Sie ans Telefon und lassen sich von einem Bekannten unwidersprochen eine Stunde lang Nichtigkeiten erzählen. Warum? – Angemessener scheint es mir, an diesem Punkt zu überlegen, ob es nicht an der Zeit wäre, klare Grenzen zu setzen. Grenzen, mit denen Sie dafür sorgen, dass Sie weiterhin sich selbst gehören und wirklich Ihr eigenes Leben führen.

Es gibt übrigens etliche Möglichkeiten, wie Sie ebenso diplomatisch wie verbindlich Nein sagen können anbringen. Sie können klar und deutlich Nein sagen, indem Sie: Verständnis für das Anliegen zeigen und plausibel begründen, warum Sie der Bitte nicht nachkommen können (oder wollen). Sie können Ihr Nein ebenso mit einer eingeschränkten Zusage verbinden, denn oft können Sie zwar nicht das Ganze übernehmen, sehr wohl jedoch einen Teil des Anliegens. Hier sind auch zeitliche Einschränkungen möglich. Außerdem können Sie Ihre Absage mit anderen Lösungsvorschlägen verbinden. So zeigen Sie immer noch, dass Sie das Anliegen selbst ernst nehmen. Schließlich gibt es noch eine weitere Möglichkeit: die Aufgabe zu übernehmen, dafür jedoch eine

Gegenleistung zu fordern: „Ich kann das gern übernehmen, wenn Du dafür ...". So werden Sie nicht zum Spielball chronischer Bittsteller und schützen sich davor, sich zu viel aufzubürden (während andere womöglich die Lorbeeren dafür einstreichen).

» *Wenn Sie nicht von Ihrem Weg abkommen wollen, ist es mitunter nötig, Nein zu sagen und sich abzugrenzen.*

Dieses Abgrenzen beinhaltet – und das ist nun keineswegs mehr trivial –, sich von Menschen abzugrenzen, die uns selbst nicht guttun. Obwohl es in bestimmten Fällen wichtig und absolut richtig ist, fällt es uns häufig unheimlich schwer, Beziehungen zu Menschen zu beenden oder zumindest zu verändern. Dabei sind es vor allem Menschen, die unser Leben und unsere Lebensführung beeinflussen und gegebenenfalls belasten. – Zweifellos gibt es jedoch Fälle, in denen die Beziehung an sich schwerer wiegt als zum Beispiel etwaige Widersprüche zu den eigenen Werten und Überzeugungen. Doch wenn Sie ehrlich sind, betrifft das sicherlich auch in Ihrem Umfeld nicht viele Menschen. Vielleicht ein enges Familienmitglied oder einen sehr guten und langjährigen Freund, zu denen man die Beziehung um ihrer selbst willen aufrechterhalten möchte. Und das auch, obwohl die andere Person zum Beispiel gänzlich entgegengesetzte politische Ansichten hat oder Geschäftspraktiken pflegt, die man bei anderen Menschen nicht akzeptieren würde. Hier sind die Grenzen dann viel weiter gesteckt. Doch das sind Ausnahmefälle. In vielen Fällen hingegen sollten wir den Mut und die Konsequenz haben, zu uns selbst zu stehen und uns von Menschen abzugrenzen, wenn es notwendig ist.

Ein schwerer, jedoch notwendiger Schritt

Dieses Jahr habe ich ein langfristiges Beratungsmandat gekündigt. Wer meine Arbeit kennt, weiß, dass Mandatsniederlegungen bei mir eine absolute Ausnahme sind. In mehr als zwanzig Jahren ist es bisher nur zweimal dazu gekommen. Ich stehe zu meinen Kunden, auch wenn es schwierig wird.

Doch diesmal ging es nicht anders. Die Geschäftsperson, die mich beauftragt hatte, wurde mit der Zeit in vielerlei Hinsicht anmaßend und übergriffig. Bis zu zehn ellenlange E-Mails am Tag, unerwünschte Kommentare zu meinem Marketing, zu meiner visuellen Selbstdarstellung, vermeintlich wohlmeinende Ratschläge für meine berufliche Planung, wiederholte Einmischungen in meine Privatsphäre.

Ich dachte, ich bin in einer verkehrten Welt. Wer berät hier wen? Und was maßt sich diese Person überhaupt an? – Kommunikation war zwecklos. Alle meine Signale und Hinweise wurden konsequent ignoriert, sodass ich diese Übergriffigkeit schließlich nicht mehr ertragen konnte. Nach gründlicher Überlegung entschloss ich mich deshalb, mich abzugrenzen und die Beziehung zu beenden, indem ich das Beratungsmandat fristlos niederlegte. Grenzen waren überschritten worden. Meine Konsequenz war vonnöten.

Ruhe erleben, sich selbst erleben

Wenn ich davon spreche, mehr zu leben, hat das nicht nur etwas mit Aktivität, Handeln oder konsequentem Umsetzen zu tun. Das eigene Ich bewusst zu (er)leben erfordert auch Ruhephasen. Denn es ist vor allem die Ruhe, in der wir mit den wichtigen Fragestellungen unseres Lebens in Berührung kommen. – Keine Musik, die nebenbei mitläuft, keine Nachrichten, keine Hintergrundgeräusche, keine Telefonate, kein Geklingel, kein Fernseher, keine Gespräche. Dieser Zustand ist wunderbar. Und er ist optimal, um zu sich selbst zurückzufinden und um der eigenen inneren Stimme wieder zuzuhören. Vor lauter Getöse überhören wir sie oft – und das, was sie uns sagen will, dringt gar nicht bis zu uns vor. Wenn alles um uns herum laut ist, können wir leichter weghören und das Wesentliche in den Hintergrund schieben. Und je mehr Lärm um uns herum ist, umso mehr vergessen wir, was uns im Leben wirklich wichtig ist, und können uns dann nur noch schwer an den Sinn unseres Lebens erinnern.

 In Ruhephasen können wir unser Ich bewusst erleben.

Wann haben Sie in letzter Zeit einmal absolute Ruhe erlebt? Wie lange sind Sie in der Lage, allein zu bleiben, ohne unruhig zu werden? Wie lange können Sie es ertragen, absolute Ruhe um sich herum zu haben?

Nicht wenige Menschen – und ich gehörte früher in gewissem Maße auch dazu – haben Schwierigkeiten dabei, absolute Ruhe auszuhalten. Sie machen dann zum Beispiel immer als Erstes das Radio in der Küche an, wenn sie nach Hause kommen, und suchen sich schnell irgendwelche Tätigkeiten oder Ablenkungen. Oder sie beginnen ein belangloses Gespräch, wenn die Stille am Ufer eines kleinen Sees sie unruhig macht. Wir erleben heutzutage so wenig Ruhe und Stille, dass sie uns oft befremdlich vorkommt und wir den Drang haben, sie im wahrsten Sinne des Wortes zu übertönen. Doch es entgeht uns dabei so viel! – Deshalb möchte ich Ihnen ans Herz legen, das Aushalten von Ruhe und Stille zu „üben". Suchen Sie sich bewusst Situationen, in denen

Ruhe und Stille herrschen, oder stellen Sie diese Situationen absichtlich her. Lernen Sie, diese Ruhe auszuhalten. Beginnen Sie, auf Ihre innere Stimme zu hören und den Fragen nachzugehen, die sie Ihnen stellt. So ergründen Sie die Tiefen Ihres Selbst und damit neue Bereiche Ihres Lebens. Auch das ist wieder ein Stück „mehr leben".

Die Kraft der Rituale

Rituale können unser Leben bereichern. Gerade in unserer schnelllebigen Zeit, in der viele Menschen die Orientierung verlieren, können Rituale uns Halt geben und uns daran erinnern, dass wir auf dem richtigen Weg sind. Auf dem Weg, den wir uns wünschen, auf dem Weg zu unserem souveränen Ich. Rituale sind tägliche Meilensteine, an denen wir uns orientieren können.

Bei mir gibt es verschiedene Rituale. Ich beginne den Tag immer ganz ruhig mit ausgiebigem Frühstücken und sammele mich, bevor ich irgendetwas Produktives beginne. In der Zeit tue ich nichts anderes. Wenn ich in Hotels unterwegs bin, beobachte ich häufig Menschen, die schon im Frühstückraum telefonieren oder E-Mails schreiben, während sie „parallel" dazu frühstücken. Das kommt für mich nicht infrage.

Eines meiner anderen Rituale besteht darin, den Tag mit Entspannungsaktivitäten zu beenden. Kochen, Musik, Konzert, Wein trinken, ein paar Seiten eines spannenden Romans lesen. Ich will in dieser Zeit nichts hören von Businessthemen oder Geschäftsproblemen. Ich blende diese Sachen bewusst aus. Es ist mein Abendritual, um den Tag entspannt zu beenden.

Ich habe andere Rituale, wenn ich im Urlaub bin.

Dann gilt mein erster Besuch immer dem Meer. Ich
will physisch erleben, dass ich angekommen bin, will
die Meeresbrise spüren. Das mache ich nach der An-
kunft, egal wie spät es ist. Dann beginnt mein Urlaub
und alles andere ist weit weg.

Reflexionsfragen
- Haben Sie manchmal das Gefühl, Ihr eigenes Leben zu verpassen?
- Leben Sie wirklich Ihr eigenes Leben?
- Welche Dinge tun Sie, obwohl Sie sie falsch finden oder sie Ihnen nicht guttun? Warum?
- Gibt es Menschen in Ihrem Leben, von denen Sie sich lieber abgrenzen sollten?
- Können Sie Ruhe und Stille genießen?
- Welche Rituale könnten Ihnen Halt geben?

Glück und Erfüllung

Es ist schwer in Worte zu fassen, was Glück genau ist. Doch
intuitiv wissen die meisten Menschen dennoch, was Glück
für sie selbst bedeutet. Es gibt jedoch keine konkrete Bestimmung von Glück, die für alle Menschen gleichermaßen gilt.
Es gibt nur Umschreibungen, die dann jeweils ihren individuellen Ausdruck finden in einer Person.

Die Freude am eigenen Leben

Der niederländische Soziologe Ruut Veenhoven hat einmal
in einem Interview auf die Frage, was Glück ist, geantwortet:

„Glück ist für mich die Freude am eigenen Leben. Und zwar auf lange Sicht. Je lieber jemand so lebt, wie er lebt, desto glücklicher ist er." – Letztlich beschreibt dieser Satz genau das, worum es in diesem Buch geht: So zu sein, wie man sein möchte. So zu leben, wie man es sich selbst wünscht. Deshalb gilt für das Glück das Gleiche wie für das souveräne Ich: Wir haben es selbst in der Hand, den Weg dorthin zu beschreiten und unser Ziel zu erreichen. Es liegt letztlich an uns selbst, ob wir unserem Glück eine Chance geben und unser Leben mit Sinn erfüllen.

》 *„Je lieber jemand so lebt, wie er lebt, desto glücklicher ist er."*

Dafür brauchen wir unser souveränes Ich. Bei vielen Menschen, die nicht glücklich sind, sehe ich, dass sie Dinge tun, die sie nicht tun möchten, dass sie ein Leben führen, das sie nicht selbst bestimmen können, dass sie getrieben sind und ihr eigenes Leben verpassen. Sie unterliegen Zwängen und Abhängigkeiten, anstatt auf ihre Wünsche und Bedürfnisse zu hören und diese zu verwirklichen.

Um mein eigenes Glück zu finden, habe ich irgendwann damit begonnen, immer mehr Zeit mit den Dingen und Menschen zu verbringen, die mir guttun, und immer weniger mit den Menschen und Dingen, die mir nicht guttun. Zusätzlich achte ich seitdem darauf, möglichst keine Menschen oder Dinge mehr in mein Leben zu lassen, die nicht gut für mich sind oder eine echte Belastung darstellen. – Das muss nicht zwangsläufig auch der richtige Weg für Sie sein. Doch es ein Weg, der praktikabel ist und der ein schrittweises Vorgehen ermöglicht. Es ist nämlich nicht nötig, von heute auf morgen alles über den Haufen zu werfen in der Hoffnung, dann sofort das große Glück zu finden. Stattdessen können auch kleine Schritte, moderate Veränderungen und nicht ganz so schwere Entscheidungen bereits die erste Teilstrecke des Weges ebnen. Deshalb ist es ein Weg, der zu meinem Leben passt und vielleicht ebenso zu Ihrem passen könnte. Dieser Weg ist gleichzeitig der Weg zu meinem souveränen Ich, das auch ein glückliches Ich ist und ein erfülltes Leben führt.

Es ist nie zu spät, nach Glück und Erfüllung zu streben

Wir haben alle unsere eigene Geschichte, die wir mit uns herumtragen. Ob wir es wollen oder nicht. Wir sind das, was wir erlebt und gelebt haben. Unsere Erfahrungen, unsere Herkunft, unsere Sozialisierung prägen uns. Diese eigene Geschichte ist immer da, sichtbar oder unsichtbar, bewusst oder unbewusst.

Ich finde es unglaublich spannend, zu erleben oder zu beobachten, wie sich solche Geschichten verändern oder ihre Richtung wechseln. Und besonders spannend ist es, wenn Menschen bewusst ihre eigene Geschichte neu schreiben.

Einer der eindrucksvollsten Fälle, die ich kenne, ist eine Frau, die im Alter von 72 Jahren aus der schwäbischen Provinz nach Berlin-Friedrichshain in einen Yuppie-Kiez gezogen ist. Sie hat sich damit den innigen Wunsch nach einem anderen Leben erfüllt, das ihren Bedürfnissen entspricht und in dem ihr authentisches Selbst zur Geltung kommen kann. Dafür hat sie ihr bisheriges Leben verlassen, hat alles verkauft und einen kompletten Neustart gemacht. Sie hat angefangen, ihre Geschichte neu zu schreiben und ihr Leben neu zu leben.

Körper, Wohlbefinden und Gesundheit

Was allzu leicht vergessen wird: Zu unserem Leben gehört auch unser Körper. Er ist mehr als nur ein Vehikel oder eine Hülle für unser Ich. Ein gesunder und funktionierender Körper ist ein unheimlich wertvolles Geschenk. Und Menschen, die gesund und ohne Handicap durchs Leben gehen, dürfen sich wirklich glücklich schätzen. – Selbstverständlich sind auch viele Menschen, die krank sind oder ein Handicap haben, sehr glücklich. Ihr Weg dorthin ist jedoch oft sehr viel steiniger und erfordert zusätzliche Anstrengungen.

Ganz gleich, mit welchen körperlichen Voraussetzungen wir starten. Es ist entscheidend, auf unserem Lebensweg mit unserem Körper und unseren physischen Ressourcen verantwortungsvoll umzugehen. Auch das bedeutet im Konkreten für jeden Menschen etwas anderes. Für den einen ist es wichtig, sich nicht zu überarbeiten und regelmäßig Ruhepausen einzulegen. Der andere braucht etwas mehr körperliche Aktivitäten, um fit zu bleiben. Manche müssen lernen, besser auf ihren Körper zu hören und Warnsignale nicht zu ignorieren oder auf einige „Sünden" zu verzichten. Für andere wiederum ist es wichtig, ihre etwaigen körperlichen Einschränkungen zu akzeptieren und sich selbst und ihre Lebensführung darauf einzustellen.

>> *Wohlbefinden, Gesundheit und Zufriedenheit stehen in engem Zusammenhang zueinander.*

Für alle Menschen gilt jedoch gleichermaßen: Ein selbstbestimmtes, zufriedenes und glückliches Leben ist eine der besten Voraussetzungen dafür, um dem eigenen Körper etwas Gutes zu tun und das eigene Wohlbefinden zu fördern. Wohlbefinden, Gesundheit und Zufriedenheit stehen in engem Zusammenhang zueinander. Das spüren wir sofort, wenn wir beispielsweise unter Stress und Druck stehen. Wenn wir das Gefühl haben, von den Anforderungen des Lebens fremdbestimmt zu werden, wenn wir Dinge tun müssen, die uns nicht guttun, und unsere Bedürfnisse nicht zu ihrem Recht kommen, dann stellen sich schnell Unzufriedenheit und Unwohlsein ein. Und nicht selten leidet darunter auch unsere Gesundheit.

Viele Menschen haben diesen Zusammenhang erkannt und versuchen, ihr Leben ausgeglichener zu leben, achtsamer mit sich selbst umzugehen, mehr Zeit und Muße zu finden, um sich Dingen zu widmen, die ihnen wirklich wichtig sind und die sie zufrieden machen, wie zum Beispiel ihrer Familie oder einer künstlerischen, kreativen Tätigkeit. Wenn ihnen das gelingt, belohnen sie sich dadurch mit Zufriedenheit und Wohlbefinden, Gesundheit und Freude, Glück und Erfüllung.

Das Leben ist ein Genuss

Vor einiger Zeit hatte ich ein kurzes Meeting im KaDeWe in Berlin. Ich postete auf Facebook ein Bild von zwei französischen Torten. Es dauerte nicht lange, bis eine Leserin mit den Worten kommentierte: „Herrlich, wie du das Leben genießt." Scherzhaft antworte ich: „Was soll ich sonst tun?" – Das, was ich in diesem Kommentar so scherzhaft formulierte, ist für mich mittlerweile zu einer Lebensphilosophie geworden. Ich bin überzeugt, dass wir hier sind, um unser Leben zu genießen. Was denn sonst? Was sollen wir sonst tun?

So habe ich nicht immer gedacht. Es gab viele Jahre, in denen ich sehr viel gearbeitet habe und gar nicht wusste, was es heißt, mein Leben zu genießen. Rückblickend wünsche ich mir, ich hätte einen Mentor oder guten Freund gehabt, der es mir früher gezeigt hätte. Als ich verstand, dass es das

Wichtigste im Leben ist, sein Leben zu genießen, habe ich Entscheidungen getroffen und mittlerweile kräftig nachgeholt. Hinzu kommt, dass wir als Bewohner reicher Industrienationen in der, global gesehen, alles andere als selbstverständlichen Situation sind, ungeheuer viel Spielraum dabei haben, das eigene Leben zu gestalten. Wir sind uns dieses Glücks oft kaum bewusst und nutzen es viel zu wenig, unser Leben auszukosten.

Lebensmotto: Genießen!

In einer Facebook-Gruppe wurde ich gefragt: „Mein Business-Motto für das neue Geschäftsquartal lautet ..." Ich antwortete: „Business wird absolut überbewertet. Mein Leben genießen."

Und das habe ich ernst gemeint. Was nützt mir denn das beste Business, wenn ich dennoch mit meinem Leben hadere und die schönen Seiten nicht genießen kann?

Eines steht fest: Sie können gar nicht früh genug anfangen, Ihr Leben und die Geschenke, die es für Sie bereithält, zu genießen. Warten Sie nicht damit! Erst die Arbeit, dann das Vergnügen? Nein! Beides. Es ist verschenkte Lebenszeit, das Gute auf später zu verschieben. Mit einigen Coachingklienten habe ich häufiger erlebt, dass es ein regelrechter Kampf war, bis sie sich eine Stunde am Tag Zeit nahmen, um in der Stadt einen Cappuccino in der Sonne zu trinken. Und wenn ich meinte, sie sollen sich einen Tag frei nehmen, schien für sie die Welt aus den Fugen zu geraten. „Das geht nicht", sagten sie mir, denn das widerspreche jeglicher Arbeitsmoral. Ich war ehrlich erschüttert, wenn ich so etwas gesagt bekam.

Oft gab ich diesen Klienten dann eine Liste, von der sie

sofort mindestens eine Sache erledigen sollten. Jetzt gebe ich diese Liste Ihnen. Mit der gleichen Aufgabe.

- Rufen Sie in Ihrem Lieblingsrestaurant an und reservieren Sie einen Tisch.
- Buchen Sie eine Urlaubsreise.
- Machen Sie Ihrem Partner oder Ihrer Partnerin eine Freude.
- Rufen Sie einen Freund, eine Freundin oder ein Familienmitglied an und vereinbaren Sie ein Treffen.
- Gehen Sie ab morgen jeden Mittag in der Stadt einen Kaffee trinken.
- Kaufen Sie Tickets für ein Konzert oder für ein Sportereignis, das Sie besuchen möchten.
- Nehmen Sie sich einen freien Tag.

Im Grunde spielt es keine Rolle, was konkret Sie tun. Die Punkte auf der Liste sind letztlich nur Beispiele. Mir kommt es darauf an, dass Sie sich einen neuen Genuss erlauben, den Sie sich bisher verwehrt haben. Wenn Sie jetzt denken, dass Sie es sich nicht erlauben oder – noch verzwickter – nicht leisten können, rate ich Ihnen: Vertrauen Sie dem Leben. In dem Moment, in dem Sie diese Entscheidung treffen, eröffnen sich oft Möglichkeiten, das Vorhaben auch zu realisieren. So zumindest ist meine Erfahrung. Das Leben ist zu den Menschen großzügig, die auch großzügig zu sich selbst sind.

Die unerwarteten Geschenke des Lebens würdigen

Für viele Geschenke des Lebens sorgen wir selbst, indem wir authentisch und selbstbestimmt leben. Doch manche Geschenke kommen auch unverhofft. Das Leben hält viele unerwartete Geschenke für uns bereit, die unser Leben auf vielfältigste Weise bereichern können. Wenn Sie offen sind dafür und diese Geschenke annehmen, können Ihnen wundervolle Dinge widerfahren: Perspektiven, von denen Sie bisher nichts gewusst haben, eröffnen sich. Sie entdecken neue Seiten an sich oder an Ihren Mitmenschen. Türen öffnen sich, die zuvor verschlossen waren. Es zeigen sich Herausforderungen, die Sie stärker machen. Sie kommen mit Menschen zusammen, die zu Freunden werden.

>> *Bleiben Sie offen für die unverhofften Geschenke des Lebens!*

Insbesondere Beziehungen und Menschen sind so wertvolle Geschenke, dass wir sie kaum zu viel würdigen können. Deshalb scheue ich mich auch nicht, hier ein Zitat aus dem Buch „5 Dinge, die Sterbende am meisten bereuen" von Bronnie Ware zu wiederholen, das ich schon in einem meiner anderen Bücher aufgegriffen habe. Das Zitat ist die Aussage einer alten Frau, die Bilanz zieht über die Freunde in ihrem Leben. Sie sagt: „Am meisten vermisse ich meine Freunde. Manche sind schon tot. Manche sind in derselben Situation wie ich. Zu manchen habe ich einfach den Kontakt verloren. Ich wünschte, ich hätte den Kontakt nie abreißen lassen. Man denkt immer, dass die Freunde immer da sein werden. Das Leben geht aber weiter, und plötzlich stehen Sie da und haben keinen Menschen auf der Welt, der Sie versteht oder irgendetwas über Ihre Geschichte weiß."

Für mein persönliches Glück sind meine Freunde, meine Familie, meine Lieben unverzichtbar. Sie wurden mir vom Leben geschenkt und ich versuche, mich immer wieder daran zu erinnern, wie wertvoll dieses Geschenk ist. Denn im Alltag denken wir meist nicht daran, dass diese Menschen eines Tages womöglich nicht mehr da sind, dass Beziehungen enden können. – Doch gute Beziehungen sind keine Selbstverständlichkeit. Sie brauchen Pflege und Zeit. Dann blühen sie auf und erfüllen unser Leben mit Glück und Freude.

Reflexionsfragen

- Was macht Sie glücklich?
- Was tun Sie, um glücklich zu sein?
- Haben Sie Freude an Ihrem Leben?
- Gehen Sie verantwortungsvoll mit Ihrem Körper und Ihren Ressourcen um?
- Welche Genüsse gönnen Sie sich?
- Genießen Sie Ihr Leben?
- Haben Sie schon unerwartete Geschenke vom Leben bekommen? Welche?

12. Gute Beziehungen bereichern das Leben

Zweifelsohne zählen gute Freundschaften und Beziehungen zu den größten Geschenken des Lebens. Und es gibt vermutlich nur sehr wenige Menschen, die einer tiefen Freundschaft und engen, verbindlichen Beziehungen zu anderen Menschen keine große Bedeutung zumessen. Für die meisten gilt wohl das, was ich selbst auch empfinde: Gute Beziehungen tun mir gut, machen mich glücklich, sie fördern meine mentale Gesundheit, sie machen mein Leben leichter und bereichern es auf wundervolle Art und Weise.

Wenn ich darüber nachdenke, was für ein Mensch ich sein und was für ein Leben ich führen möchte, dann spielen andere Menschen und meine Beziehungen zu ihnen immer eine entscheidende Rolle dabei. Und das ist bei den meisten von Ihnen sicherlich nicht anders. Für mich gehört zu einem souveränen Ich deshalb die Fähigkeit, verbindliche Beziehungen zu anderen Menschen aufzubauen und zu festigen. Denn nur wenn uns das gelingt, können wir dieses wichtige Bedürfnis unseres Selbst ausleben.

Was gute Beziehungen für uns bedeuten

Menschen führen in der Regel eine Vielzahl von Beziehungen unterschiedlicher Art. Enge Beziehungen zu Freunden, Verwandten oder Partnern. Weniger enge Beziehungen zu Kollegen, Nachbarn oder Bekannten. Lange und kurze Beziehungen, On-off-Beziehungen, intensive, oberflächliche, turbulente, nützliche, fürsorgliche, harmonische, streitlustige, nervenaufreibende, glücklich machende ... Wahrscheinlich gibt es so viele unterschiedliche Beziehungen wie es Menschen auf der Welt gibt.

» *Gute Beziehungen fördern die Entfaltung des souveränen Ichs.*

Guten Beziehungen gemeinsam ist, dass sie wertvoll und oft nützlich sind und darüber hinaus die Entfaltung des souveränen Ichs befördern. Doch das ist etwas, das wir uns viel zu selten vor Augen führen. Was zur Folge hat, dass wir Beziehungen allzu leicht als selbstverständlich betrachten und die Beziehungspflege vernachlässigen. Nicht umsonst verlieren etliche Beziehungen mit der Zeit an Substanz oder schlafen einfach so ein, ohne dass man dafür einen echten Grund erkennen könnte. Wie wichtig eine Beziehung für uns ist, merken wir nicht selten erst dann, wenn sie auf dem Spiel steht oder sich sogar schon in Luft aufgelöst hat.

Freunde, die bei uns sind
Ich hatte die unglaubliche Chance, bei dem Konzertdebüt eines jungen französischen Pianisten in der Berliner Philharmonie dabei zu sein. Ich bin seit mehr als

drei Jahren mit ihm in persönlichem virtuellem Kontakt. Dennoch lernten wir uns bei diesem Konzert zum ersten Mal persönlich kennen. Er ist außergewöhnlich, anders und charismatisch und spielt dabei auch noch sehr sinnlich. Sein Klang ist hervorragend. Ich war während des Konzerts absolut hingerissen.

Nach dem Konzert erfuhren wir durch einen Pariser Freund, dass über sechzig Freundinnen und Freunde des Pianisten extra überall aus Europa und sogar aus New York angereist waren, um bei seinem Debüt dabei zu sein. Ich gestehe, dass ich von dieser unglaublichen Wertschätzung und von dieser fantastischen Freundschaftsgeste sehr beeindruckt war. Da sich nach dem Konzert all diese Freunde des Künstlers in einem Café trafen und ich ebenfalls dazu eingeladen war, konnte ich mit einigen von ihnen sprechen. Es wurde ein langer und wundervoller Abend.

An diesem Abend wurde mir so stark bewusst wie noch nie zuvor, wie viel wichtiger es ist, sich auf Freunde und Fürsprecher zu konzentrieren anstatt auf Neider und Kritiker.

Gute Beziehungen entstehen nicht von selbst

Mit guten Beziehungen ist es wie mit vielen guten Dingen im Leben: Sie fallen nicht vom Himmel und erhalten sich nicht selbst am Leben. Beziehungen aufzubauen und aufrechtzuerhalten erfordert persönlichen und kontinuierlichen Einsatz. Und zwar zunächst einmal *meinen* Einsatz. Ja, Sie könnten die Verantwortung für das Gelingen oder Nichtgelingen einer Beziehung natürlich genauso gut beim Gegenüber suchen. Doch warum? Führen Sie nicht ein selbstbestimmtes Leben, das Sie selbst aktiv gestalten? Und wollen

Sie Freundschaften und Beziehungen nicht selbstbestimmt und aktiv gestalten? Oder wollen Sie lieber darauf warten, dass Ihre langjährige Freundin Sie irgendwann anruft, nur weil es mal wieder Zeit ist, sich zu melden? – Mir erscheint es souveräner, selbst zum Telefon zu greifen, wenn man den Wunsch hat, mit einer Freundin zu sprechen. Und wenn es mal knirscht in einer Beziehung, haben wir es selbst in der Hand, Probleme anzusprechen, um eine Lösung zu finden. Das ist doch allemal besser, als schmollend darauf zu warten, dass der oder die andere die Initiative ergreift.

Doch der persönliche Einsatz für eine Freundschaft oder eine Beziehung umfasst nicht nur solche eher praktischen Fragen der Beziehungsführung. Entscheidend ist vor allem, wie und mit welcher Einstellung wir anderen Menschen begegnen.

Gegenseitige Wertschätzung

Die persönliche Wertschätzung für einander ist der Ausgangspunkt für eine gute Beziehung. Sie zeigt sich darin, dass ich meinem Gegenüber offen, unvoreingenommen und mit Interesse, Aufmerksamkeit und Einfühlungsvermögen begegne, dass ich dessen Ansichten, Wünsche und Bedürfnisse ernstnehme und dass ich versuche, mein Gegenüber wirklich zu verstehen.

» *Die gegenseitige Wertschätzung ist der Ausgangspunkt für eine gute Beziehung.*

In guten Beziehungen beruht Wertschätzung zudem auf Gegenseitigkeit. Ich zeige Wertschätzung nicht nur, sondern erfahre sie auch und fühle mich selbst wertvoll. Das stärkt mein persönliches Selbstwertgefühl und macht es mir leichter, mich bewusst selbst wertzuschätzen. – Dieser Aspekt ist vor allem im Kontext der Souveränität von großer Bedeutung. Gute Beziehungen machen es nämlich möglich, dass ich mich selbst als wertvoll erlebe, und stärken so meine persönliche Souveränität. Denn wenn ich mir bewusst bin, dass ich wertvoll bin und dass meine Ansichten, Wünsche, Bedürfnisse von Belang sind und von anderen Menschen ernstgenommen werden, kann ich genug Souveränität entwickeln, um mein Leben danach auszurichten und Selbstbestimmung zu erlangen.

Das heißt: Wenn ich anderen Menschen Wertschätzung entgegenbringe und damit gute Beziehungen ermögliche, kommt die Wertschätzung wieder zu mir selbst zurück und stärkt mein souveränes Ich.

Gegenseitiges Vertrauen

Ebenso tragend für eine Beziehung ist das gegenseitige Vertrauen. Menschen sehnen sich nach Personen, denen sie vertrauen können, und gleichermaßen nach Personen, die sich ihnen anvertrauen. Denn Vertrauen gibt Sicherheit und Nähe und macht Freundschaften und Beziehungen stark und belastbar. In vertrauensvollen Beziehungen können wir unserem authentischen Selbst Raum geben. Wir können so sein, wie wir sein wollen, das sagen, was uns auf dem Herzen liegt, zu dem stehen, was uns wichtig ist. Wir können eigene Unzulänglichkeiten oder Unsicherheiten zugeben, ohne befürchten zu müssen, dafür verurteilt oder belächelt zu werden. Und gleichzeitig können wir das authentische Selbst unseres Gegenübers erleben und seinem Ich den nötigen Raum zur Entfaltung geben.

In vertrauensvollen Beziehungen können wir unserem Ich Raum geben und das authentische Selbst des Gegenübers erleben.

Wir wissen jedoch alle, dass sich Vertrauen nicht einfach per Knopfdruck anschalten lässt und dass man einmal gewonnenes Vertrauen wieder verlieren kann. Vertrauen braucht Zeit, es muss wachsen und sich festigen. Und wir müssen unsere Vertrauenswürdigkeit unter Beweis stellen, durch unser Verhalten, unsere Taten und durch den Umgang miteinander. Neben der persönlichen Wertschätzung spielt hier die Verbindlichkeit eine entscheidende Rolle.

Verbindlichkeit als tragendes Element einer vertrauensvollen Beziehung

Menschen, die wir als verbindlich und integer erleben, zeichnen sich durch verschiedene Eigenschaften und Verhaltensweisen aus: Sie sind zuverlässig und glaubwürdig. Denn das, was sie sagen, hat Bestand und ist nicht ein paar Tage später wieder Schnee von gestern. Wenn sie etwas ankündigen oder eine Zusage geben, dann stehen sie zu ihrem Wort und setzen diese Vorhaben in die Tat um. Sie übernehmen Verantwortung für ihre Entscheidungen und für das, was sie tun, und sie stehen zu ihren Überzeugungen. Genauso stehen sie zu den Menschen und den Beziehungen, die sie pflegen. Personen, die ihnen an einem Tag wichtig sind, sind es auch noch am nächsten Tag.

Fehlt es Menschen hingegen an Verbindlichkeit, offenbart sich dies häufig sehr schnell. Und wir haben oft ein gutes Gespür dafür, ob jemand verbindlich agiert oder nicht. (Manchmal verschließen wir davor nur die Augen, weil wir es lieber nicht wahrhaben wollen.) Wenn zum Beispiel ein Chef einem Angestellten eine Beförderung verspricht, jedoch nicht bereit ist, sich auf einen Zeitpunkt dafür festzulegen, ist kaum zu übersehen, dass es sich hierbei wahrscheinlich nicht um eine verbindliche Zusage handelt. Das Vertrauensverhältnis zwischen Chef und Angestelltem gerät damit in Gefahr, denn die Unverbindlichkeit schwächt das Vertrauen in die Aussagen des Chefs.

» *Verbindlichkeit stärkt das gegenseitige Vertrauen.*

Unverbindlichkeit ist ein großes Problem, dem wir uns nicht unterordnen sollten. Denn leere Versprechungen, unerfüllte Hoffnungen und langes Hinhalten bringen uns nur davon ab, unseren eigenen Weg zu gehen und Chancen, die real und realistisch sind, zu nutzen. – Ich habe mir deshalb angewöhnt, von den Menschen in meinem Umfeld recht früh Verbindlichkeit einzufordern. Sprich: Ich versuche, möglichst von Anfang an konkret über Zeiträume, Termine, Honorare, Vorhaben, Wünsche etc. zu sprechen. Sobald es vage wird, hake ich nach. Und wenn jemand dann nicht bereit ist, sich mir gegenüber verbindlich zu äußern und zu verhalten, ziehe ich daraus sehr schnell meine Konsequenzen. Wenn Menschen nicht wissen, was sie wollen und nicht bereit sind, beispielsweise klare Termine zu vereinbaren und sie auch einzuhalten, bin ich für eine Zusammenarbeit nicht zu haben. Damit erspare ich mir selbst Enttäuschungen und vergeudete Lebenszeit. – Das klingt vielleicht hart, doch es geht mir damit letztlich besser. Und ich habe mehr Zeit für die Menschen, denen Verbindlichkeit ebenfalls wichtig ist und mit denen ich Beziehungen aufbauen kann, die mir guttun.

Den Menschen, die nicht verbindlich agieren, fehlt häufig die notwendige Grundlage für Verbindlichkeit und Integrität. Diese liegt in einem souveränen Umgang mit den eigenen Wertvorstellungen und Überzeugungen. Entscheidungen, Verhaltensweisen und Handlungen werden dabei in Einklang gebracht mit den persönlichen ethischen Maßstäben. Die inneren Überzeugungen geben die Richtung vor; auf halbherzige Kompromisse oder einfache Abkürzungen wird verzichtet. Und das eben nicht nur dann, wenn es bequem und opportun ist, sondern ebenso wenn schwierige Entscheidungen anstehen oder unbequeme Folgen oder Widerstände zu erwarten sind.

Auch hier wird also wieder deutlich, wie wichtig es ist, sich selbst zu (er)kennen. Denn um sich die eigenen Überzeugungen zum Maßstab des eigenen Handelns machen zu können, ist es erforderlich, diese Überzeugungen tatsächlich zu kennen. So setzt sich der Weg zum souveränen Ich hier weiter fort.

Nicht jedes Beziehungsende ist etwas Schlechtes
Manche Menschen kommen oder drängen sich sogar in unser Leben, weil sie sich Vorteile davon versprechen. Welcher Art auch immer diese Vorteile sein sollen – weil sie vielleicht von unserem Renommee, unseren Kontakten, unserer Umgebung oder unserer Attraktivität profitieren wollen. Einige Zeit lang täuschen sie Sympathie oder Freundschaft vor, loben und schmeicheln uns.

Wenn sie jedoch merken, dass sich die erhofften Vorteile nicht zeigen, ergibt dieser Kontakt für sie keinen Sinn mehr, er ist nichts mehr wert und sie machen sich auf die Suche nach einem neuen aussichtsreichen Zweckkontakt.

Die Kaltblütigkeit der Menschen, die solche Art von

Zweckkontakten pflegen, hat mich selbst doch sehr erstaunt. Ich habe – nach einigen Enttäuschungen – jedoch erkannt, wie befreiend es ist, wenn so ein Mensch wieder aus meinem Leben entschwindet. Die Vorstellung, dass diese vorgegaukelte Freundschaft, dieser reine Zweckkontakt, weiter angedauert hätte, erzeugte unangenehme Bilder in mir.

Insofern ist für mich ein Beziehungsende nicht automatisch etwas Schlechtes. Oftmals ist das Ende einer Beziehung ja der Anfang neuer Beziehungen. Und eine Erneuerung, ein Neuanfang ist oft eine besonders schöne Herausforderung.

Gute Beziehungen geben Kraft

Menschen, die unverbindlich sind, tun mir selbst nicht gut. Und ich versuche, mein Leben von solchen Menschen nicht (mehr) beeinflussen zu lassen. Das gilt letztlich für alle Menschen und Beziehungen, die mir nicht guttun. Sie kosten einfach zu viel Kraft. – Im Alltag sind es oft gar nicht die Arbeitsaufgaben oder Termine, die uns die Energie rauben. Sondern es sind die Menschen, die uns nicht guttun. Der Umgang mit ihnen verbraucht immens viel unserer Ressourcen. Und das nicht nur in direkten Begegnungen oder bei der gemeinsamen Arbeit, sondern oft schon lange vorher und auch lange nachher. Denn häufig machen wir uns bereits im Vorfeld Gedanken und Sorgen und im Nachhinein schlagen wir uns mit Ärger und Unzufriedenheit herum und bekommen die negativen Gedanken einfach nicht aus dem Kopf.

>> *Konzentrieren Sie sich auf Menschen und Beziehungen, die Ihnen guttun!*

Besser ist es, sich auf die Menschen und Beziehungen zu konzentrieren, die Freude bereiten, Kraft geben und inspirieren. Denn es sind diese Menschen und Beziehungen, die positive Emotionen und Gedanken in uns auslösen und uns Kraft und Energie schenken. Deshalb ist es wichtig, sich vor allem mit Menschen zu umgeben, die einem wirklich guttun, und die Beziehungen zu ihnen zu pflegen und auszubauen.

Reflexionsfragen
- Welche Beziehung haben Sie in letzter Zeit vernachlässigt?
- Was können Sie jetzt sofort tun, um diese Beziehung wieder zu vertiefen?
- Zeigen Sie den Menschen in Ihrem Umfeld Ihre Wertschätzung?
- Wie fühlen Sie sich, wenn Sie Wertschätzung von anderen erfahren?
- Agieren Sie verbindlich?
- Wie gehen Sie mit Unverbindlichkeit um?
- In welchen Ihrer Beziehungen fühlen Sie sich besonders wohl und warum?

Jeder sieht die Welt mit anderen Augen

Wir wissen alle, dass es oft nicht einfach ist, gute und stabile Beziehungen aufzubauen und zu erhalten. Ist es ist im Grunde genommen nicht sogar ein Wunder, dass das überhaupt gelingt? Menschen sind so unterschiedlich, nehmen die Welt so unterschiedlich wahr und es gibt in der Kommunikation so viele Gelegenheiten für größte Missverständnisse. Manchmal bin ich wirklich erstaunt, dass es dennoch möglich ist, dass zwei Menschen einander verstehen.

Die Perspektive des Gegenübers mitdenken

Dass jeder Mensch die Welt mit anderen Augen sieht, ist einerseits etwas Großartiges, weil dadurch ein überaus facettenreiches und vielfarbiges Bild unserer Welt entsteht. Auf der anderen Seite macht es das Miteinander der Menschen nicht gerade leicht, weil zwei Menschen ein und dieselbe Sache auf höchst unterschiedliche Weise wahrnehmen und erleben können. In der Folge interpretieren und bewerten sie diese Angelegenheit natürlich vollkommen unterschiedlich, sodass ein Gespräch darüber sich nur scheinbar mit derselben Sache befasst. In Wirklichkeit sind es so viele Sachen wie Gesprächspartner.

> » *Ein und dasselbe ist für den anderen häufig etwas völlig anderes.*

Dieses Phänomen betrifft banale Sachverhalte genauso wie wichtige und schwerwiegende. Ein trüber Regentag ist für den einen ein Ärgernis, für den anderen eine willkommene Gelegenheit für einen gemütlichen Tag auf dem Sofa. Das Kind mit dem Smartphone spielen zu lassen, ist für die einen Eltern keine große Sache, für andere Eltern ein absolutes Tabu. Der freundliche Gruß an die Nachbarin ist für den Ehemann eine alltägliche Nebensächlichkeit, für die Ehefrau ein Anlass zur Eifersucht. – Sie kennen wahrscheinlich selbst etliche weitere Beispiele …

Wenn wir uns mit anderen Menschen verständigen wollen, haben wir also letztlich gar keine andere Chance als zu versuchen, auch ihre Perspektive mitzudenken. Womit wir wieder bei der Wertschätzung wären. Denn wer andere Menschen wertschätzt, akzeptiert auch, dass es andere Sichtweisen geben kann, und ist bereit, diese ernst zu nehmen und sich darauf einzulassen. Wertschätzende Menschen geben dem Ich des Gegenübers genügend Raum und begegnen seinen Ansichten offen und möglichst wert(ungs)frei. Das heißt, dass die eigene Sicht der Dinge nicht automatisch als richtig oder wichtiger betrachtet wird, sondern als gleichwertig zur Perspektive des Gegenübers.

Sich in andere Menschen hineinversetzen

Was sich hier in ein paar Zeilen hinschreiben lässt, ist in der Praxis jedoch leider nicht der Normalfall. Häufig reden Menschen aneinander vorbei. Beziehungen zerbrechen an simplen Missverständnissen. Und immer wieder fehlt es an Einfühlungsvermögen. – Womit wir bei einem der entscheidenden Stichwörter wären: der Empathie.

Empathie ist die Fähigkeit, sich in andere Menschen hineinzuversetzen und sich in ihre Gefühls- und Gedankenwelt einzufühlen. Sie ermöglicht uns, die Perspektive unseres Gegenübers einzunehmen. So können wir besser verstehen, wie unser Gegenüber uns und unsere Aussagen wahrnimmt oder wie er bestimmte Sachverhalte betrachtet und bewertet. Es fällt uns dann leichter, seine Entscheidungen und Handlungen zu verstehen. Und es erhöht die Wahrscheinlichkeit, dass wir etwas Gesagtes tatsächlich so auffassen, wie unser Gegenüber es gemeint hat.

> **»** *Sich in den anderen hineinzuversetzen, macht es leichter, ihn tatsächlich zu verstehen und sich selbst verständlich zu machen.*

Glücklicherweise verfügen die allermeisten Menschen über mehr oder weniger ausgeprägte Empathie. Doch das Vorhandensein allein reicht nicht. Es kommt auch auf die Bereitschaft an, diese Fähigkeit einzusetzen, und auf das Bewusstsein darüber, wie wichtig die Empathie für das Miteinander mit anderen Menschen ist. – Beides fällt uns nicht in den Schoß. Sich etwas bewusst zu machen, erfordert immer einen Reflexionsprozess. Und eine Fähigkeit tatsächlich einzusetzen, erfordert den entsprechenden Willen dazu. Nicht alle Menschen sind dazu bereit. Manche Menschen sind vor allem auf ihre eigene Sicht der Dinge fixiert und bleiben in ihrer Gedankenwelt verhaftet, sodass sie erst gar nicht auf die Idee kommen, dass andere Menschen die Welt vielleicht anders wahrnehmen als sie selbst. Eine solche Einstellung macht es jedoch schwer, gute Beziehungen und gute Gespräche zu führen.

Wer hingegen sein Einfühlungsvermögen einsetzt, hat es leichter, andere Menschen zu verstehen und gleichzeitig sicherzustellen, dass er selbst auch verstanden wird. Missverständnisse oder Fehlinterpretationen werden vermieden, unterschiedliche Wahrnehmungen können thematisiert und abgeglichen werden, Gedankengänge und emotionale Reaktionen werden nachvollziehbarer. Auch nonverbale Signale durch Mimik, Gestik und Körperhaltung des Gegenübers können leichter entschlüsselt werden, wodurch das gegenseitige Verstehen zusätzlich gefördert wird.

Auch wir selbst sehen die Welt manchmal mit anderen Augen

Ich weiß nicht, wie es Ihnen geht. Ich habe sehr oft das Gefühl, im Leben und manchmal mehrmals am Tag zwischen verschiedenen Rollen zu wechseln, zwischen verschiedenen Anforderungsprofilen an das Leben und an den Beruf. Auch wenn wir nur einmal leben, leben wir doch meistens viele Leben aufgrund der Parallelität der Lebenswelten, in denen wir uns bewegen.

Wenn ich einen Existenzgründer berate, bewege ich mich in einer anderen Lebenswelt, als wenn ich einen CEO coache. Wenn ich einer Coachingklientin die Vielfalt der israelischen Gesellschaft erkläre, bewege ich mich in einer anderen Lebenswelt, als wenn ich mit einer Pianistin einen gemeinsamen Abend verbringe und mit ihr an ihrer Selbstvermarktung arbeite. In meinen hoch aktiven Phasen wechsle ich manchmal zwischen zehn Lebenswelten am Tag, in denen ich mich parallel bewege.

Dieser Wechsel zwischen den Welten ist schlicht und ergreifend eine Tatsache, wenn nicht sogar eine Notwendigkeit. Eine solche Rollenflexibilität scheint mir eine der wesentlichen Fähigkeiten zu sein, um in unserer schnelllebigen Zeit überhaupt bestehen zu können. Gleichzeitig verschafft sie uns Stärken, die uns im Miteinander mit anderen Menschen helfen können:

- *Wenn wir selbst verschiedene Rollen ausfüllen, fällt es uns oft leichter, uns auch in die Lebens-, Denk- und Gefühlswelten anderer Menschen einzufühlen.*

- *Je mehr unterschiedliche soziale Landschaften wir erlebt haben, umso besser können wir die Situation unseres Gegenübers intuitiv erfassen und umso weniger Vorurteile haben wir.*

- *Je mehr und je weiter wir gereist sind, umso einfacher können wir die Situation Fremder verstehen.*

- *Je mehr Lebenswelten wir erkundet haben, umso mehr Lösungen können wir unserem Gegenüber anbieten und umso souveräner können wir mit neuen Lebenssituationen umgehen.*

Deshalb rate ich Ihnen: Probieren Sie bewusst neue Rollen und neue Lebenswelten aus! Reisen Sie zum Beispiel in ein Land, das bisher noch nicht auf Ihrer Urlaubsplanung stand. Oder verbringen Sie Weihnachten bei Menschen, bei denen Sie sonst nicht Weihnachten feiern würden. Besuchen Sie Konzerte oder Ausstellungen in Stadtteilen, in denen Sie sich üblicherweise nicht aufhalten.

Erstellen Sie Ihr eigenes Flexibilitätsprogramm. – Der Fantasie sind hier keine Grenzen gesetzt. Das Ziel ist, dass Sie in andere Lebenswelten einsteigen und in andere Rollen schlüpfen können und dadurch eine soziale Rollenflexibilität entwickeln, die Ihnen helfen wird, in vielen Lebenssituationen souveräner und flexibler zu (re)agieren.

Trügerische Wahrnehmung

Doch auch wenn wir bereit sind, unsere empathischen Fähigkeiten einzusetzen, gelingt uns das nicht immer. Denn unsere Wahrnehmung lässt sich gern und leicht täuschen. Unser Gehirn hat nämlich einige Tricks auf Lager, um uns hinters Licht zu führen. – So gibt es zum Beispiel den Halo-Effekt: Halo ist das englische Wort für Heiligenschein. Der Halo-Effekt beschreibt das Phänomen, dass ein hervorstechendes Merkmal eine Person so überstrahlt (eben wie ein Heiligenschein), dass andere Merkmale in den Hintergrund treten. Darüber hinaus wird dann oft auch vom dominanten Merkmal auf bestimmte weitere Eigenschaften geschlossen, unabhängig davon, ob sie tatsächlich vorhanden sind oder nicht. Wenn ein Mensch stottert, schließen andere daraus, er würde langsam denken und weniger klug sein, obwohl das eine absolut nichts mit dem anderen zu tun hat. Und den Menschen, die besonders attraktiv und sympathisch auftreten, werden unbewusst Intelligenz und Glaubwürdigkeit unterstellt. Allerdings muss auch das keineswegs den Tatsachen entsprechen. Doch die dominante Eigenschaft strahlt so hell, dass wir davon geblendet sind und unsere Wahrnehmung trügerisch ist.

» *Unser Gehirn kennt einige sehr erfolgreiche Strategien, um unsere Wahrnehmung zu beeinflussen und uns zu Fehlschlüssen zu verleiten.*

Darüber hinaus gibt es weitere Phänomene, die unsere Wahrnehmung beeinflussen und uns zu Fehlschlüssen verführen. Drei weitere kurze Beispiele dazu:

Vermeintliche Zusammenhänge: Unbewusst verbinden wir das Auftreten bestimmter Eigenschaften mit anderen Eigenschaften. Wer männlich ist, ist durchsetzungsfähig. Wer mit starker Stimme spricht, weiß, wovon er redet. Wer leise auftritt, ist ängstlich. Und so weiter ...

Projektionen: Indem wir unsere eigenen Erwartungen, Vorannahmen, Wünsche etc. auf unser Gegenüber projizieren, wird unsere Wahrnehmung des Gegenübers verzerrt. Projektionen führen zum Beispiel in Vorstellungsgesprächen dazu, dass ein Bewerber günstiger beurteilt wird, wenn der künftige Vorgesetzte (auch unbewusst) eine gewisse Ähnlichkeit zwischen ihm selbst und dem Bewerber wahrnimmt.

Verallgemeinerungen: Verallgemeinerungen, die sich zum Beispiel in unserer Sprache niederschlagen, erzeugen ebenfalls Wahrnehmungsfehler. „Alle Politiker sind ...“ oder „Typisch Frau ...“ oder „Hauptschüler schaffen nie ...“ – Solche und andere Verallgemeinerungen führen dazu, dass Vertreter einer bestimmten Gruppe durch den dazugehörigen Filter gesehen und entsprechend beurteilt werden.

Vor solch trügerischer Wahrnehmung ist letztlich niemand gefeit. Auch hier helfen nur eine bewusste Auseinandersetzung mit dem eigenen Verhalten und das konsequente Hinterfragen von Denkmustern. Bewusst machen und hinterfragen sind die wichtigsten Waffen gegen zwei weitere Phänomene, die das Miteinander mit anderen Menschen belasten und erschweren können: Vorurteile und Klischees.

Sicherlich würden die meisten von Ihnen – so wie ich auch – sagen, dass sie keine Vorurteile gegenüber Menschen haben und sich schon längst von überkommenen Klischeevorstellungen und Stereotypen verabschiedet haben. Leider ist dies jedoch vor allem eine Wunschvorstellung, die wir hegen, weil wir wissen, dass Vorurteile und Klischees problematisch sind. Das ebenso große Problem ist jedoch: Unsere Wahrnehmung anderer Menschen wird dennoch stark von Vorurteilen und Klischees beeinflusst. Wir übernehmen sie in der Regel unbewusst von unserem sozialen Umfeld, von der Familie, dem Freundeskreis, den Kollegen etc. Sie werden dabei so sehr verinnerlicht, dass wir kaum auf die Idee kommen, sie auf den Prüfstand zu stellen und bei Bedarf zu revidieren. Es braucht meist äußere Anlässe und Impulse, um uns zu animieren, sie zu reflektieren und zu hinterfragen. Erschwerend kommt hinzu, dass sich Vorurteile und Klischees scheinbar immer wieder bestätigen. „Scheinbar" – weil uns auch hier unsere Wahrnehmung einen Streich spielt. Das, was unser Vorurteil bestätigt, nehmen wir nämlich als den Normalfall wahr, wohingegen Ereignisse oder Personen, die dem Vorurteil widersprechen, als Ausnahme von der Regel wahrgenommen werden.

» *Für ein gutes Miteinander brauchen wir einen klaren Blick auf das Gegenüber und genauso auf uns selbst.*

Ein gutes Miteinander braucht also nicht nur die Offenheit für die Perspektive anderer Menschen, sondern ebenso das Bewusstsein für mögliche Einschränkungen und Beeinflussungen der eigenen Wahrnehmung – und natürlich wiederum auch der Wahrnehmung der anderen. – Es bleibt also kompliziert. Doch dass Beziehungen und andere Menschen unkompliziert sind, würde vermutlich ohnedies kaum jemand behaupten.

Konflikte stellen jede Beziehung auf eine harte Probe

Richtig kompliziert werden Beziehungen, wenn es zu Konflikten kommt. Denn hier kommt es auf Fingerspitzengefühl an. Wenn wir Konflikte nicht erkennen, sie unter den Teppich kehren wollen oder falsch darauf reagieren, entwickeln sie unter Umständen eine solche Dynamik, dass eine Beziehung plötzlich komplett ins Wanken geraten kann und Menschen sich unversöhnlich gegenüberstehen. Und dabei spielt es keine Rolle, um welche Art von Beziehung es geht. Privat oder beruflich, sehr vertraut oder eher oberflächlich – ungelöste und eskalierende Konflikte sind für alle Beziehungen eine Belastungsprobe und bedeuten im schlimmsten Falle sogar das Ende einer Beziehung.

Umso wichtiger ist es, unnötigen Konflikten vorzubeugen. Das ist durchaus möglich, denn Konflikte entstehen häufig nicht aufgrund von objektiven, unveränderbaren Tatsachen, sondern durch die Dynamik und Emotionalität des Miteinanders von Menschen. Vieles, was Sie in diesem Buch bereits gelesen haben, hilft Ihnen dabei, unnötige Konflikte bereits im Vorfeld zu vermeiden. Denn wer authentisch und verbindlich agiert, anderen Menschen aufmerksam und mit Einfühlungsvermögen begegnet, Offenheit und Wertschätzung zeigt, hat die besten Grundlagen gelegt, um das Entstehen unnötiger Konflikte zu verhindern.

Konkret bedeutet das: Es ist wichtig, dass Sie Verantwortung übernehmen für Ihr eigenes Handeln und Verhalten und dass Sie zu dem stehen, was Sie entscheiden und tun. Achten Sie darauf, das Vertrauen anderer Menschen nicht zu enttäuschen. Bleiben Sie offen für Denk- und Handlungsalternativen, die Ihr Gegenüber ins Spiel bringt. Und scheuen Sie sich nicht, Ihre eigenen Ansichten zu überdenken und gegebenenfalls zu revidieren. – „Stimmt, da hast du recht", ist ein Satz, der schon so manchen Konflikt hätte verhindern können. – Begegnen Sie anderen Menschen unvoreingenommen und denken Sie daran, dass unbewusste Vorurteile oder eine verzerrte Wahrnehmung uns in die Irre führen können. Gehen Sie mit eigenen Fehlern oder Irrtümern offen um und stehen Sie für die Folgen gerade. – Viele unnötige Konflikte, die zum Beispiel auf Missverständnissen oder Fehlinterpretationen beruhen, lassen sich auf diese Weise von vornherein umgehen.

> *Unnötigen Konflikten sollte man vorbeugen, sinnvolle Konflikte lösen.*

Doch nicht alle Konflikte sind unnötig. Es gibt auch nützliche und sinnvolle Konflikte, die gar nicht unbedingt vermieden werden sollten. Besser ist es in diesen Fällen, die Konflikte auszutragen. Konflikte können zum Beispiel durch die Auseinandersetzung der Konfliktparteien neue Perspektiven in der Betrachtung des Sachverhalts ermöglichen und so neue Ideen und Lösungsansätze hervorbringen. Manchmal ist das Ergebnis eines Konfliktes auch, dass Meinungsverschiedenheiten und unterschiedliche Vorstellungen ausdrücklich akzeptiert werden und dadurch in der Zukunft ihr Konfliktpotenzial verlieren. Das kann Beziehungen sogar festigen, weil die Beteiligten gegenseitige Akzeptanz erfahren. Nicht selten bringen ausgetragene Konflikte auch erst zutage, worum es in dem Konflikt überhaupt ging. Zuvor gab es nur unausgesprochene Spannungen, mit denen sich nun in der Konfliktklärung auseinandergesetzt werden kann. Zudem haben Konflikte die wichtige Funktion, Veränderungen anzustoßen und Gewohnheiten und Muster infrage zu stellen und schließlich zu überwinden.

Starke und stabile Beziehungen lassen solche sinnvollen Konflikte zu und halten sie aus. Weil die Interessen und Überzeugungen aller Beteiligten berücksichtigt werden, können für die Konflikte Lösungen gefunden werden, die keine Gewinner oder Verlierer produzieren, sondern für beide Parteien zufriedenstellend sind. Auf diese Weise tragen gelöste Konflikte zur Stabilisierung einer Beziehung bei und fördern das gegenseitige Verständnis und Vertrauen.

Reflexionsfragen

– Denken Sie im Miteinander mit anderen Menschen auch an deren Sichtweise?
– Glauben Sie, dass Sie ein empathischer Mensch sind?
– Nutzen Sie Ihr Einfühlungsvermögen?
– Gab es Situationen, in denen Ihre Wahrnehmung eines Menschen beeinträchtigt oder verzerrt war?
– Stellen Sie sich Konflikten oder weichen Sie ihnen lieber aus?
– Gab es Konflikte, aus denen am Ende etwas Positives erwachsen ist?

Die persönliche Wirkung

Im Miteinander mit anderen Menschen geht es auch darum, wie wir auf andere wirken. Erstens, weil die meisten Menschen einfach gern einen guten Eindruck machen und zweitens, weil die persönliche Wirkung Einfluss darauf hat, ob wir andere Menschen von uns selbst oder unseren Anliegen und Vorhaben überzeugen können. Und das spielt sowohl im Berufsleben als auch privat eine wichtige Rolle. – Ein souveränes Ich schafft dafür die Grundlage. Denn wenn wir so sein können und so leben, wie wir tatsächlich sein möchten, dann schlägt sich dies positiv in unserer persönlichen Wirkung nieder. Am deutlichsten zeigt es sich dann in unserer Kommunikation mit anderen Menschen.

Wie wir kommunizieren, so wirken wir

In der Kommunikation eines Menschen zeigt sich seine Persönlichkeit, weshalb wir von unserem Gegenüber danach beurteilt werden, wie wir kommunizieren. Unser gesamtes Verhalten hat dabei Einfluss auf unsere persönliche Wirkung und auf den Verlauf des Gespräches. – Wie oben bereits erläutert kommt es darauf an, sich auf das Gegenüber einzulassen und offen und interessiert in das Gespräch zu gehen. Spürt der Gesprächspartner, dass Sie mit dieser Einstellung kommunizieren, stehen die Chancen gut für ein gelingendes Gespräch und für eine überzeugende persönliche Wirkung.

Wenn Sie jedoch nur mit halbem Ohr hinhören oder glauben, ohnehin schon alles zu wissen, was Ihr Gesprächspartner sagen wird, werden Sie keinen guten Draht zum Gegenüber aufbauen können. So ein Kommunikationsverhalten wirkt nämlich schnell arrogant, desinteressiert und unaufrichtig. Wenn Sie so auf andere wirken, werden diese sich kaum von Ihnen überzeugen lassen – weder von Ihnen persönlich noch von Ihrem Anliegen. Außerdem wird es Ihnen auf diese Weise nicht gelingen, passende Argumente zu finden, die die Lebenswelt Ihres Gegenübers, seine Gedanken, Hoffnungen oder Befürchtungen ansprechen. Sie kennen seine Lebenswelt nämlich gar nicht. Doch ohne passende Argumente werden Sie in der Sache niemals überzeugen können.

> **»** *Wer überzeugend wirken möchte,
> braucht keinen schillernden Auftritt, sondern Einfühlungsvermögen und echtes Interesse für sein Gegenüber.*

Für eine überzeugende Wirkung kommt es eben nicht darauf an, sich selbst möglichst schillernd zu präsentieren, sondern darauf, mit Einfühlungsvermögen und echtem Interesse auf Menschen zuzugehen. Menschen, die den Weg zu ihrem souveränen Ich gefunden haben, fällt dies besonders leicht, sodass sie meist über eine besonders positive Ausstrahlung verfügen. Einige von ihnen wirken geradezu charismatisch auf ihre Mitmenschen.

Charisma entspringt einem authentischen und souveränen Ich

Charisma wird häufig als das Nonplusultra der persönlichen Wirkung betrachtet. Denn charismatische Personen begeistern, überzeugen, inspirieren, strahlen Zuversicht, Souveränität und Glaubwürdigkeit aus und wirken obendrein noch sympathisch. Und das alles ohne große Anstrengung und vollkommen unabhängig von ihrer sozialen oder beruflichen Stellung. Doch Charisma ist nichts, was ein Mensch einfach wie ein Kostüm anziehen kann. Charisma ist immer echt und entfaltet sich nur, wenn es einem souveränen und authentischen Ich entspringt.

Charisma auf Knopfdruck funktioniert nicht. Man kann nicht einfach das charismatische Erscheinungsbild anderer Menschen imitieren und ihr Auftreten, ihre Gesten und Worte kopieren. Wer das versucht, wirkt unweigerlich gekünstelt und aufgesetzt, häufig sogar arrogant und eitel. Die Reaktionen der Mitmenschen spiegeln dies in der Regel wider. Es entsteht keine Faszination für die (vorgeblich) charismatische Persönlichkeit, sondern eher Skepsis oder gar Misstrauen gegenüber den Aussagen dieses Menschen.

» *Charisma kann man nicht imitieren, sondern nur aus dem authentischen Selbst heraus entwickeln.*

Das heißt nicht, dass man nicht charismatisch *werden* kann. Doch das hat eben überhaupt nichts mit Äußerlichkeiten zu tun. Charisma zu entwickeln ist vielmehr an eine Fortentwicklung der eigenen Persönlichkeit gebunden, denn die charismatische Wirkung speist sich aus den authentischen Eigenschaften eines Menschen. Zwei entscheidende Eigenschaften dabei sind erstens eine positive Einstellung zu sich selbst und zweitens eine positive Einstellung zu anderen Menschen. – Beides entwickelt sich auf dem Weg zum souveränen Ich.

So zu sein und so zu leben, wie man es wirklich möchte, und das eigene Leben selbstbestimmt zu gestalten, geht mit einer positiven Einstellung zu sich selbst einher. – Und wer über eine in sich gefestigte Persönlichkeit verfügt, dem fällt es leicht, sich auf andere Menschen einzulassen, ihnen offen und mit ehrlichem Interesse zu begegnen, sich über ihre Erfolge zu freuen und sie bei Schwierigkeiten zu unterstützen. Deshalb wirken charismatische Menschen auch nicht arrogant oder egoistisch, sondern glänzen durch Einfühlungsvermögen, ausgeprägte Kommunikationsfähigkeit und Toleranz. Sie begreifen andere Menschen nicht als Konkurrenz zu sich selbst, sondern als Bereicherung.

Anders ergeht es Menschen, die ihr souveränes Ich noch nicht gefunden haben, die noch kein selbstbewusstes und selbstbestimmtes Leben führen. Nicht selten mangelt es diesen Menschen an Selbstwertgefühl, sodass bei ihnen häufig die Gefahr des persönlichen Scheiterns im Zentrum der Aufmerksamkeit steht. Fehler oder Rückschläge erscheinen dann wie persönliche Niederlagen, was zusätzlich negativen Einfluss auf das Selbstwertgefühl hat. Dementsprechend schwer fällt es diesen Menschen, anderen Menschen positiv und offen zu begegnen. Der Erfolg einer Kollegin erscheint dann schnell als Vorteil einer Konkurrentin und als Bedrohung für die eigene Position. Das private Glück des Nachbarn lässt keine Mit-Freude zu, sondern erzeugt Neid und im schlimmsten Falle Minderwertigkeitsgefühle.

>> *Charismatische Menschen sehen ihre Mitmenschen nicht als Konkurrenten, sondern als Bereicherung für ihr Leben.*

Wer andere Menschen so betrachtet, kann nicht vorbehaltlos und mit echtem Interesse auf sie zugehen. Und das wiederrum schmälert die Fähigkeit, andere zu begeistern und von der eigenen Persönlichkeit zu überzeugen. An Charisma ist hier überhaupt nicht zu denken. Selbst eine hohe Machtposition, ein perfektes und teures Outfit, eine brillant formulierte Rede oder andere hochwertige Attribute würden daran nichts ändern, solange ein gesundes Selbstwertgefühl und die positive Einstellung zu sich und zu anderen nicht authentischer Bestandteil des Selbst sind.

Was Charisma in Unternehmen bewirken kann

Aus meiner Arbeit mit unzähligen Führungskräften weiß ich, wie groß der Unterschied ist, den eine charismatische Persönlichkeit ausmachen kann – und wie groß der Zugewinn für ein Unternehmen ist, wenn es über charismatische Führungskräfte verfügt. Und das weniger wegen der positiven Außenwirkung einer solchen Führungskraft als vielmehr wegen ihrer positiven Wirkung nach innen.

Denn eine charismatische Führungskraft zeigt nicht nur persönliche Souveränität, sondern würdigt auch die Erfolge und Leistungen ihrer Mitarbeiter. Sie formuliert Zielsetzungen für die Zukunft, entwickelt Strategien und hat die Fähigkeit, hierfür die richtigen Worte zu finden, um so bei allen Beteiligten das Bewusstsein einer gemeinsamen Mission zu bilden.

Das gelingt charismatischen Menschen vor allen Dingen deshalb, weil sie ihre Mitarbeiter bewusst mit einbeziehen, sich ihnen offen und aufrichtig interessiert zuwenden, ihnen ihre Wertschätzung zeigen, sie bei Schwierigkeiten unterstützen und die Erfolge mit ihnen gemeinsam feiern.

Charismatische Führungspersönlichkeiten wirken nicht abgehoben oder arrogant. Sie verschanzen sich nicht in ihrer Führungsetage weit weg von den Mitarbeitern, sondern bleiben stets in Verbindung zu ihnen. Die Mitarbeiter spüren, dass es im Unternehmen auch um ihre Belange geht. Sie wissen, dass sie sich auf die Arbeit ihrer Führungsriege verlassen können, dass diese ihr Vertrauen verdient und glaubwürdig handelt und entscheidet. Das gibt den Mitarbeitern die Sicherheit, die sie brauchen, um mit persönlichem Einsatz an die Arbeit zu gehen und sich auch Problemen oder besonderen Herausforderungen zu-

versichtlich zu stellen. Charismatische Führungskräfte stärken daher die Motivation, Loyalität und die Leistungsbereitschaft ihrer Mitarbeiter. – Etwas Besseres kann einem Unternehmen nicht passieren.

Reflexionsfragen

- Begegnen Sie Ihren Gesprächspartnern offen und mit echtem Interesse?
- Wissen Sie, wie Sie auf andere Menschen wirken? Warum wirken Sie so?
- Was macht für Sie eine charismatische Persönlichkeit aus?
- Sind Sie selbst charismatisch?
- Möchten Sie charismatisch(er) sein? Was können Sie dafür tun?

13. *Das souveräne Ich*

Souveränität bedeutet für mich, in der Lage zu sein, auf die komplexen Anforderungen des Lebens adäquat zu reagieren. Das beinhaltet eine Reihe von unterschiedlichen Fähigkeiten, insbesondere jedoch ein ausgeprägtes Selbstbewusstsein. Das ist, davon bin ich überzeugt, die Grundlage für persönliche Souveränität. Menschen, die wissen, wer sie sind, was ihnen wichtig ist und wie sie sein möchten und die ihr Leben selbstbestimmt gestalten – das sind Menschen, die zu ihrem souveränen Ich gefunden haben. Und Menschen mit einem souveränen Ich gehen ihren eigenen Weg.

Den eigenen Weg gehen

Was bedeutet es konkret, seinen eigenen Weg zu gehen? – Ganz sicherlich heißt es nicht, dass wir uns egoistisch und ohne Rücksicht auf Verluste durch die Welt bewegen. Es geht nicht darum, alles zu negieren, was von außen an uns herangetragen wird, oder alles kurzerhand aus dem Weg zu räumen, was zwischen uns und unseren Zielen steht. Es bedeutet auch nicht, über die Bedürfnisse anderer Menschen skrupellos hinwegzugehen. Den eigenen Weg zu gehen bedeutet vielmehr, im alltäglichen Hin und Her zwischen Arbeitsaufgaben, Routinen, Verpflichtungen, Terminen etc. das eigene Selbst nicht aus dem Blick zu verlieren und Freiheiten und Gestaltungsmöglichkeiten aktiv zu nutzen, um das eigene Ich zur Entfaltung zu bringen – und um letztlich ein Leben zu führen, das dem eigenen Selbst entspricht.

» *Den eigenen Weg zu beschreiten, heißt nicht, egoistisch und ohne Rücksicht auf Verluste durch die Welt zu gehen.*

Menschen, die zu ihrem souveränen Ich gefunden haben, können das. Auch wenn sie beruflich und privat jeden Tag mit unzähligen Gesetzen, Verordnungen, Richtlinien, Anweisungen, Geboten, Verboten und Erwartungen konfrontiert werden, gelingt es ihnen, ihren Weg zu finden. Sie erkennen zum Beispiel Zwänge und Unfreiheiten und finden Möglichkeiten, sie aufzulösen. Sie erkunden ihre Spielräume und nutzen sie. Sie reflektieren und hinterfragen Regeln, Gewohnheiten und Erwartungen, die ihr Leben beeinflussen und möglicherweise einschränken, und versetzen sich selbst in die Lage, diese aufzubrechen. Sie wissen, was und wohin sie wollen und wie sie dieses Ziel erreichen. Sie wissen, was und wer ihnen wichtig ist und ihr Leben bereichert. Und sie wissen, was ihnen guttut und was nicht, und dass sie ihr eigenes Leben führen wollen.

Geht es nicht auch anders?

Manche Menschen schlagen diesen Weg jedoch absichtlich nicht ein. Ein Grund dafür ist die Sorge vor Ablehnung und Ausgrenzung. Sie sorgen sich, zum Außenseiter zu werden und nicht mehr Teil der Gemeinschaft zu sein, wenn sie sich durch ihr individuelles Handeln von anderen abgrenzen. Und so sagen sie lieber Ja statt Nein, machen lieber das, was von ihnen erwartet wird, anstatt eigene Wege zu suchen. Manche unterwerfen sich dabei nahezu jedem Trend und jeder Modeerscheinung, sind überall dabei, ohne jemals die eigene Meinung und das innerste Selbst zu befragen. Die Angst, den Anschluss zu verpassen, ist größer als der Wunsch nach freien Entscheidungen. Das kann zahlreiche und völlig unterschiedliche Bereiche des Lebens betreffen: Wir passen uns an, hören die Musik, die alle hören, wohnen so, wie es gerade modern ist, kleiden uns nach der aktuellen Mode und machen viele Trends mit. Oft hat das individuelle Ich jedoch andere Bedürfnisse, die dabei in den Hintergrund geraten und somit vielleicht nie gelebt werden.

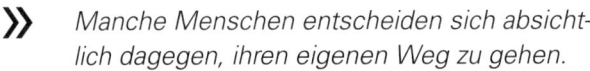

>> *Manche Menschen entscheiden sich absichtlich dagegen, ihren eigenen Weg zu gehen.*

Zweifellos führt individuelles Verhalten dazu, dass man sich aus bestimmten Strukturen oder von Gemeinschaften entfernt. Insofern ist die oben genannte Sorge auf den ersten Blick durchaus berechtigt. Übersehen wird dabei jedoch, dass es sich um Strukturen oder Gemeinschaften handelt, die nicht zu unserem Selbst passen, in denen wir unser Ich ohnehin nicht frei entfalten können, die uns daran hindern, unser eigenes Leben zu leben. Warum sollten wir also an ihnen festhalten? Es gibt keinen vernünftigen Grund dafür. Insofern lautet meine Antwort auf die Frage in der Überschrift: Nein, es geht nicht anders. Zumindest dann nicht, wenn Sie ein selbstbestimmtes und erfüllendes Leben führen wollen. Ich versichere Ihnen jedoch: Wenn Sie Ihren eigenen Weg einschlagen, verlassen Sie nicht nur Strukturen oder Gemeinschaften, sondern Sie werden auf Ihrem Weg auch in neue Strukturen und Gemeinschaften eintauchen oder sie gleich selbst erschaffen.

Konstruktive Verweigerung

Um seinen eigenen Weg gehen zu können, kommt es darauf an, an den richtigen Stellen auch Nein sagen zu können. Niemand kann immer und überall dabei sein, auch ist es nicht möglich, es jederzeit allen recht zu machen. Wer sich seine Individualität, seine Spielräume und seine Freiheit bewahren will, braucht den Mut zum Neinsagen. Es wäre jedoch ein völliges Missverständnis, die konstruktive Verweigerung mit einem unreflektierten Protestverhalten oder einer grundsätzlichen Verweigerungshaltung gleichzusetzen – darum geht es hier absolut nicht. Weder Trotz noch andere demonstrative Rückzugsgebärden können eine Grundlage für konstruktive Wege des eigenen souveränen Ichs bilden. Beide Verhaltensweisen sind impulsiv und damit ebenso wenig reflektiert wie ein blindes Ja. Eine Verweigerungshaltung aus Trotz ist eine Kapitulation vor sich selbst und vor allen Möglichkeiten – sie verändert nichts und beschneidet stattdessen nur die eigenen Handlungsspielräume und führt damit unweigerlich in eine Sackgasse.

» *Eine Verweigerungshaltung aus Trotz verändert nichts und führt unweigerlich in eine Sackgasse.*

Kurioserweise ist ein bedingungsloses Ja mit der kategorischen Ablehnung eng verwandt: In beiden Fällen fehlen Reflexionen, und in beiden Fällen sind die daraus folgenden Handlungen wenig konstruktiv. Deshalb ist ein konstruktives Nein keineswegs ein Zeichen des Rückzugs oder des trotzigen Protestes, es geht vielmehr mit der kreativen Suche nach Alternativen und zusätzlichen Optionen einher. Dennoch fällt es uns meist recht schwer, Nein zu sagen, auch wenn wir gute Gründe dafür haben. Man fühlt sich anderen gegenüber verpflichtet, meint, etwas schuldig zu sein, und sieht sich außerstande, die eigenen Interessen vor die der anderen zu stellen. Doch ein Nein ist immer auch ein Ja zu etwas anderem. So eröffnen sich neue Lösungswege, die zu positiven Veränderungen führen können und damit Positives für unsere Mitmenschen bringen. Fast alle positiven Veränderungen beginnen mit der Weigerung, einen festgelegten und nachweislich zum Misserfolg führenden Weg mitzugehen oder sinnlose Handlungen zu vollziehen. Und dies gilt für große Veränderungen ebenso wie für etliche kleine Fortschritte. Überall kann es zu einem Punkt kommen, an dem ein Nein weitaus effektiver und sinnvoller ist als ein zwar konformes, jedoch ineffektives Ja. Das heißt, wenn Sie an der richtigen Stelle Nein sagen und sich zum passenden Zeitpunkt einmal nicht mit dem Gegebenen einverstanden erklären, eröffnen Sie damit sowohl sich selbst als auch anderen Menschen neue Wege.

Natürlich bedarf jede Verweigerung einer guten Begründung. Wenn Sie etwas nur ablehnen, um sich damit aus der Affäre zu ziehen, ist das ebenso wenig reflektiert wie eine leichtfertige Zusage. Damit Sie den eigenen Weg, nicht nur im Kleinen, sondern auch im Großen, finden, ist es von großer Bedeutung, dass Sie den Automatismus des Jasagens und unreflektierten Mitmachens bewusst durchbrechen. Das zwingt Sie dazu, sich ins Bewusstsein zu rufen, welchen Weg Sie wirklich gehen wollen, und zu hinterfragen, ob die von außen vorgezeichneten Wege tatsächlich Ihre eigenen sind.

Regeln selbst gestalten

Als freie und selbstbestimmte Menschen haben wir durch unsere Gestaltungskraft die Möglichkeit, die Regeln des Lebens nicht nur passiv einzuhalten, sondern sie aktiv und kreativ mitzugestalten. Wenn wir nicht alles nur deshalb hinnehmen, weil es immer schon so war oder weil unser Umfeld es hinnimmt, beginnen wir, von unserer Selbstbestimmung Gebrauch zu machen. Konstruktives Neinsagen schafft neue Optionen, von denen nicht nur wir selbst, sondern auch andere Menschen profitieren können. Wer Normen und allgemeine Erwartungen kritisch reflektiert, kann dazu Alternativen entwickeln und neue Zukunftsbilder entwerfen. Und wer geeignete Alternativen umsetzt und Realität werden lässt, der kann nach und nach neue Regeln etablieren und so sein Umfeld und die Gesellschaft eigenverantwortlich mitgestalten. Dem Ziel, frei und unabhängig zu leben, kommen wir damit wieder ein wichtiges Stück näher.

» *Wer an der richtigen Stelle Nein sagt, eröffnet damit neue Wege.*

Erhalten Sie sich deshalb Ihre Freiheit, tatsächlich selbst zu entscheiden. Und klammern Sie dabei keine Möglichkeit aus. Wenn es Ihnen gelingt, aus eigener Kraft Neues zu entwerfen und zu verwirklichen, steigern Sie damit immer auch Ihr Selbstbewusstsein und Ihr Selbstwertgefühl. Denn Sie spüren, dass Sie souverän und im Einklang mit sich selbst agieren und dass Sie Wichtiges bewirken können. Außerdem können Sie auf diese Weise die Vielfalt der Möglichkeiten unseres Daseins ganz konkret erleben – und das wiederrum stellt zusätzlich eine wertvolle Bereicherung für Ihr Selbst dar.

Sich selbst treu bleiben – auch im Beruf

Im Alltag ist es dennoch alles andere als leicht, sich gegen Erwartungen und Normen aufzulehnen. Insbesondere im beruflichen Kontext scheint zu gelten: Wer erfolgreich sein und sich durchsetzen will, muss sich anpassen, in fremde Rollen schlüpfen und sich notfalls verbiegen. Wer hingegen seinen eigenen Weg geht, eckt an den falschen Stellen an und wird es nicht weit bringen. Diese Ansichten sind verbreitet und beruhen dennoch auf einem Irrtum. Denn ein opportunes Verhalten mag für den Moment leichter sein und vielleicht zu kurzfristigen Vorteilen führen, ist auf Dauer jedoch vor allem kräftezehrend und verbraucht viel Energie. Freude und Leichtigkeit, Echtheit und Persönlichkeit – und damit die persönliche Wirkung – bleiben dann auf der Strecke.

 Wer seine Persönlichkeit verbiegt, droht zu zerbrechen.

Gerade im Berufsalltag neigen Menschen dazu, in Rollen zu schlüpfen, die überhaupt nicht zu ihnen passen. Sie sind überzeugt: Nur wer sich verbiegt, wird den entscheidenden Sprung auf der Karriereleiter schaffen, nur wer sich opportun verhält, der kommt weiter. Durch die finanzielle Abhängigkeit vom Arbeitgeber oder Auftraggeber fühlen sich viele Menschen unter Druck gesetzt, ein bestimmtes Verhalten zu zeigen und andere Verhaltensweisen wiederum eher zu verbergen; kurz: sich anzupassen.

Doch wenn wir uns stets anpassen, ist das auf Dauer anstrengend und ermüdend. Mit der Zeit entfremden wir uns von uns selbst und der ursprünglich erhoffte Effekt verkehrt sich ins Gegenteil: Wer seine eigene Persönlichkeit verbiegt und sich in eine Person verwandelt, die er gar nicht ist, entfernt sich damit von seinen wahren Potenzialen. Die Leistungsfähigkeit, vor allem aber Spaß und Freude, Aufgaben zu bewältigen, gehen vollständig verloren – und das wird dann auch das eigene Umfeld merken. Das sind keine guten Voraussetzungen für echte Zufriedenheit.

Weitsichtiger ist es deshalb, wenn Sie mit und nicht entgegen Ihrer eigenen Persönlichkeit arbeiten. Statt sich kräftezehrend zu verbiegen und davon auf Dauer schlechte Laune zu bekommen, ist es sinnvoller, Ihre Persönlichkeit vorteilhaft in Szene zu setzen. Dadurch bleiben Sie authentisch und ganz Sie selbst. Das wirkt stets auch nach außen positiv. Wenn Sie Ihren eigenen Weg gehen und sich zumindest nicht mehr verbiegen als unbedingt nötig (denn natürlich geht es nicht immer ohne Kompromisse), verbessern Sie Ihre persönliche Ausstrahlung und können souverän auftreten. Das wird auch Ihr Umfeld spüren und sicher zu würdigen wissen. Außerdem arbeiten Sie engagierter und können Ihre tatsächlichen Stärken viel besser zum Einsatz bringen, wenn Sie im Beruf Sie selbst sind und so agieren, wie es Ihrem Inneren entspricht. Das erhöht die Qualität Ihrer Arbeit, macht Sie sicherer in dem, was Sie tun, und gibt Impulse für größere Ambitionen und neue Ziele im Beruf.

Reflexionsfragen
- Gehen Sie bereits Ihren eigenen Weg?
- Was hindert Sie daran, Ihren eigenen Weg zu gehen?
- In welchen Momenten hätten Sie lieber Nein statt Ja sagen sollen?
- Welche Regeln, Normen, Gepflogenheiten möchten Sie verändern? Was wollen Sie dafür tun?
- Können Sie auch im Beruf sich selbst treu bleiben?

Loslassen lernen

Den eigenen Weg zu beschreiten heißt auch, sich *fort*zubewegen und Dinge hinter sich zu lassen. Das fällt uns meist nicht leicht. Wir hängen an Liebgewonnenem und Vergangenem und können einfach nicht loslassen. Das ist manchmal schön und ein bisschen romantisch – doch oft stehen wir uns damit selbst im Wege. Denn im Laufe des Lebens häuft sich auf diese Weise immer mehr Ballast an, den wir dann mit uns herumschleppen. Das hindert uns daran, frei und unbefangen Neues zu beginnen oder uns auf Veränderungen einzulassen. Gerade die schlechten Erfahrungen bleiben besonders stark haften und es ist schwer, diese Lasten wieder über Bord zu werfen. Manchmal wollen wir es gar nicht oder glauben, es nicht zu können – meist ist uns nicht einmal bewusst, was wir alles mit uns herumschleppen und wie sehr uns diese Last einengt und behindert.

Wenn wir etwas verändern und etwas Neues beginnen wollen, setzen wir uns Ziele und versuchen, sie umzusetzen. Dabei denken wir an vieles, jedoch kaum an all den störenden Ballast aus der Vergangenheit. Und wenn etwas nicht gelingt, machen wir alles Mögliche dafür verantwortlich, allerdings nur selten das, was uns wirklich belastet. – Bei meinen Coachings setze ich an dieser Stelle oft mit der Weniger-

und-mehr-Transformation an. Auf den Punkt gebracht geht es hierbei darum, konsequent damit aufzuhören, Dinge zu tun, die uns nicht guttun, die uns Kopf- und Bauchschmerzen bereiten, die uns zu kompliziert geworden sind. Wenn wir weniger von dem tun, was nicht gut für uns ist oder weniger Kontakt mit Menschen pflegen, die uns nicht guttun, spüren wir sofort die positive Wirkung.

> » *Wir können damit aufzuhören, Dinge*
> *zu tun, die uns nicht guttun.*

Wenn wir parallel immer mehr von dem tun, was uns guttut, steigern wir dieses Gefühl der Zufriedenheit und des Glücks und zugleich auch die Chance, dass wir unsere Ziele erreichen. Wir können mehr Menschen treffen, die uns guttun, mehr Aktivitäten unternehmen, die uns guttun, und unseren Fokus auf das lenken, was unsere Lebensqualität steigert. Das hat sofort spürbare Auswirkungen auf unser Leben und klingt ganz leicht. Das ist es auch. Doch bevor wir mehr von dem tun können, das gut für uns ist, müssen wir uns im ersten Schritt von den Dingen trennen, die uns eben nicht guttun. Damit sind wir wieder beim Ballast, den wir alle tragen. Niemand wird daran zweifeln, dass wir ohne diese Last besser, einfacher und schneller vorankommen – gerade auf unserem Weg zum souveränen Ich. Dennoch fällt es uns schwer, loszulassen und diese Bürde einfach abzustreifen.

Vergangenes abhaken

Wir haben schon so einiges erlebt, etliche schlechte Erfahrungen gemacht und mussten die Folgen von Fehlentscheidungen und Fehlschlägen verschiedener Art tragen. Das alles gehört zum Leben dazu und lässt sich nicht vermeiden. Und oft gelingt es, aus den Fehlern der Vergangenheit zu lernen. Doch es gibt immer wieder Fälle, die zur Belastung werden, weil es uns nicht gelingt, sie hinter uns zu lassen und abzuhaken. Oft ist das Ganze mit einer starken emotionalen Komponente verbunden, wenn wir uns zum Beispiel über das Verhalten von Kollegen, Mitarbeitern oder nahestehenden Menschen ärgern. Auf Dauer kann so selbst die Summe von einigen Kleinigkeiten zu einer echten Belastung heranwachsen.

» *Auch Kleinigkeiten können sich nach und nach zu einer großen Last anhäufen.*

Es gibt etliche Situationen im Leben, bei denen es viel klüger wäre, die Vergangenheit vergangen sein zu lassen und, was immer auch geschehen ist, ein für alle Mal abzuhaken. Doch das gelingt vielfach nicht. Manchmal beißen wir uns geradezu an vergangenen Vorfällen fest – sogar jahrelang und selbst dann, wenn es sich in der Sache eher um Belanglosigkeiten handelt. Damit schaden wir vor allem uns selbst. Und sogar wenn uns das alles bewusst ist, fällt es uns dennoch schwer, einen Schlussstrich zu ziehen.

In vielen Fällen geht es dabei letztlich nicht einmal um die Sache selbst. In Wahrheit ist es vielmehr das eigene Ego, das nicht loslassen will. Das Ego ist dabei das von uns selbst entworfene Selbstbild. Und das will auf eine Kränkung reagieren, will Gerechtigkeit, Genugtuung und Wiedergutmachung, sogar dann, wenn wir uns selbst damit schaden. Deshalb ermöglicht nur die Arbeit an unserem Selbstbild ein echtes Loslassen und damit Befreiung von den sich sonst immer weiter auftürmenden Lasten. Die Selbsterkenntnis hilft also dabei, Vergangenes abzuhaken.

Dabei geht es darum, etwas zu akzeptieren, das den eigenen Wünschen widerspricht. Loslassen bedeutet, sich aus einer schädigenden Situation zu befreien. Damit dies gelingt, bedarf es einer klaren Entscheidung zu einem Neustart. Eine solche Entscheidung fällt am ehesten dann, wenn wir uns unserer gekränkten Gefühle bewusst werden und anerkennen, dass die Gefühle von den eigenen Gedanken beeinflusst werden. Wer also das Vergangene wieder und wieder Revue passieren lässt, erzeugt selbst die negativen Gefühle – bis man in einer endlosen Spirale gefangen ist und sich kaum noch befreien kann. Dagegen kann eine Art Gewinn-und-Verlust-Rechnung helfen: Verdeutlichen Sie sich, was Sie gewinnen, wenn Sie loslassen, beziehungsweise was Sie verlieren, wenn Sie es nicht tun. An dieser Stelle schließt sich der Kreis zur Weniger-und-mehr-Transformation. Verabschieden Sie sich von dem, was in erster Linie Ihnen selbst schadet, und ersetzen Sie es durch mehr von dem, was Ihnen wirklich guttut.

 Loslassen bedeutet, sich aus einer schädigenden Situation zu befreien.

Einfach loslassen

Es gibt jedoch noch eine andere Form des Nichtloslassens: Wenn wir nämlich an Vergangenem festhalten, obwohl wir wissen, dass längst eine Veränderung notwendig ist. Das kann große Teile des eigenen Lebens betreffen. Vieles geschieht aus reiner Gewohnheit und weil wir nicht bewusst reflektieren, ob das, was vorgestern gut und richtig gewesen sein mag, es heute auch noch ist. Vielfach ist das nicht der Fall. Und so schränken wir durch dieses Festhalten an Vergangenem selbst unsere Freiheiten und unsere Unabhängigkeit ein und erschweren oder verhindern gar die Entfaltung unseres souveränen Ichs.

Bei jeder Veränderung durchlaufen wir mehrere Phasen: Zuerst wollen wir sie nicht wahrhaben und versuchen, die Fakten zu verdrängen oder zu ignorieren. Wenn das nicht mehr funktioniert, suchen wir uns Argumente, die dafürsprechen sollen, vorerst noch eine Weile beim Alten zu bleiben. In dieser Phase sind wir oft enttäuscht und frustriert. Erst wenn das durchgestanden ist, beginnen wir allmählich damit, Abschied zu nehmen. Die Notwendigkeit wird innerlich realisiert, nur der Kopf hinkt noch etwas hinterher. Erst wenn wir alles emotional verdaut haben, sind wir wirklich offen für Neues und suchen nach Wegen, um den Tatsachen ins Auge zu sehen. Je nach Situation kann ein solcher Prozess (vom Nichtwahrhabenwollen bis zur Neuorientierung) Wochen, Monate und länger andauern. Je bewusster uns diese innerlichen Prozesse sind, umso schneller sind wir bereit, loszulassen.

In unserem Leben zeigen sich Momente des Festhaltens und Loslassens auf unterschiedlichste Weise. Oft spüren wir, dass Gewohnheiten von gestern oder vorgestern einfach nicht mehr zum Heute passen. Wir selbst haben uns verändert, halten jedoch an alten Gewohnheiten fest und führen vielleicht sogar ein Leben, das sich selbst überholt hat. So bitter es auf den ersten Blick ist: Im Laufe der Zeit haben sich nicht nur bestimmte Verhaltensweisen und Themen erledigt, mitunter kann eine ganze Lebenskonstruktion veralten. Dann heißt es, die Vergangenheit abzulegen, um Platz für das Neue zu schaffen. Das ist gelebte Souveränität, während ein unreflektiertes Festhalten am Gestern unser Ich an eine Zeit fesselt, die einfach nicht mehr aktuell für uns ist.

Wir spüren es meist selbst, dass die Zeit gekommen ist, das Vergangene abzulegen und uns für Neues zu öffnen. Wenn das Loslassen gelingt, kann das eine große Erleichterung verschaffen und zugleich viele neue Chancen eröffnen.

Um sich die eigene Souveränität dauerhaft zu bewahren, ist es schlichtweg erforderlich, hinter bestimmte Ereignisse und Erfahrungen einfach einen großen Haken zu machen und sich nicht an dem, was hinter uns liegt, festzubeißen.

Das Momentum nutzen

In unserem Leben gibt es immer wieder Augenblicke mit einem starken inneren Impuls. Wir spüren dann einen Drang, etwas in die Tat umzusetzen. Solche Augenblicke kommen oft völlig unverhofft und lassen sich kaum steuern. Ein solches Momentum ist dabei stets eine große Chance.

Nutzen Sie einen solchen Handlungsantrieb, um sich bewusst dafür zu entscheiden, sich von dem Ballast zu trennen, der Sie schon lange Zeit belastet. Das nächste Momentum kommt bestimmt: Handeln Sie dann sofort und konsequent und folgen Sie dem Impuls, Ihren inneren Keller zu entrümpeln.

Platz schaffen

Wer etwas Neues verwirklichen und etwas verändern will, braucht Bewegungsfreiheit und den nötigen Spielraum. Es ist ein wenig so, als würden Sie Ihren Keller aufräumen – das gelingt am besten, wenn Sie damit beginnen, sich endgültig von den Dingen zu trennen, die Sie nicht mehr brauchen und die Sie letztendlich doch nur belasten. Dann haben Sie Platz und können eine neue Ordnung schaffen. Wenn Sie sich jedoch nicht dazu durchringen können, das Unbrauchbare einfach wegzuwerfen, wird sich alles nur gegenseitig im Wege stehen. Ein Raum muss erst leer werden, damit neue

Erfahrungen gemacht werden können. Wenn der Raum frei ist, entsteht plötzlich etwas Neues.

>> *Wenn etwas Neues entstehen soll,*
brauchen wir Platz dafür.

Bei jedem Menschen gibt es reichlich störenden Ballast. Sobald wir uns entscheiden, uns davon zu trennen, meldet sich in der Regel eine Stimme im Hinterkopf: „Das kann ich doch nicht machen." – „Das habe ich schon immer so gemacht." – „Was soll denn X oder Y dazu sagen?" Ja, jede Trennung schmerzt ein wenig. Doch geht es hier nicht um irgendeinen unreflektierten und unbegründeten Aktionismus, sondern einfach darum, den Weg für sich selbst frei zu räumen und Platz dafür zu schaffen, was wir wirklich brauchen und wollen. Es geht darum, sich den Weg nicht selbst mit immer mehr Hindernissen zuzupflastern, sondern sich das eigene Leben zu vereinfachen. Und das eigene Leben wird leichter und einfacher, wenn wir uns von unnötigen Belastungen trennen, das ist gewiss.

Reflexionsfragen

- Welche alten Themen kauen Sie immer und immer wieder durch, ohne dabei voranzukommen?
- Was hindert Sie daran, diese Themen einfach abzuhaken?
- Wo liegen die Vorteile, wenn Sie loslassen, und was sind die Nachteile, wenn Sie es nicht tun?
- Ist Ihnen bewusst, wie groß die Erleichterung sein wird, wenn es Ihnen gelingt, belastende Situationen abzuhaken?

Mit Ecken und Kanten

Wenn Sie zu Ihrem souveränen Ich gefunden haben, sich selbst treu bleiben und Ihren eigenen Weg gehen, ist es unvermeidlich, dass Sie auf Widerstände stoßen und bei bestimmten Menschen anecken. Denn Ihr eigener Weg kollidiert eben hin und wieder mit den Vorstellungen und Erwartungen anderer oder mit gesellschaftlichen Konventionen. Doch souveräne Menschen haben eine klare Position, die Sie konsequent vertreten. – Obwohl uns dies nicht gerade in die Wiege gelegt wurde. Wir sind fast alle dazu erzogen worden, uns anzupassen, nirgends anzuecken und möglichst wenig Angriffsfläche zu bieten. Das beginnt schon sehr früh im Elternhaus, setzt sich in der Schule fort, geht in der Hochschule weiter und gilt erst recht für das Berufsleben. Daher ist es kein Wunder, dass es den meisten von uns später schwerfällt, eine klare Position zu beziehen.

» *Souveräne Menschen beziehen Position.*

Wenn ich auf mein Leben zurückblicke, kann ich nur feststellen, schon recht früh beschlossen zu haben, mich nicht um jeden Preis konform zu verhalten. Ich habe beschlossen, nicht das zu tun und zu sagen, was von mir erwartet wird, sondern meine eigenen Positionen zu vertreten. Diese Entscheidung führte durchaus zu unangenehmen Konsequenzen und bringt mir heute noch reichlich Gegenwind ein. Doch rückblickend betrachtet war es die richtige Entscheidung, mich nicht zu verbiegen und meinen Weg zu gehen. Mir erschien es immer natürlich, mich nicht anzupassen, sondern das zu tun, was ich selbst für richtig halte und was meinem Selbst entspricht. Natürlich ist es manchmal einfacher, mit dem Strom zu schwimmen. Und es bringt überhaupt nichts, eine Haltung der Daueropposition einzunehmen. Vielmehr geht es darum, dann klare Position zu beziehen, wenn es darauf ankommt.

Sehr viele Menschen verzichten auf eine solche Eigenpositionierung aus Angst, jemanden zu verärgern oder gar zu verlieren. Tatsächlich sind die meisten Menschen Jasager und Mitläufer. Wenn es darauf ankommt, sind nur wenige bereit, den Mund aufzumachen, wirklich zu sagen, worum es ihnen geht, was sie für einen Standpunkt vertreten, und gegen eine allgemein etablierte Meinung Stellung zu beziehen. Das erfordert den Mut und das Selbstvertrauen eines Menschen mit einem souveränen Ich.

Letztlich haben wir zwei Möglichkeiten: die Dinge geschehen zu lassen, uns nicht festzulegen und zu schweigen, wenn reden angesagt wäre. Das hat den Vorteil des geringeren Widerstandes, doch es ist eine passive Haltung. Die zweite Möglichkeit ist, die Dinge beim Namen zu nennen, Position zu beziehen und zu sagen, was uns wichtig ist. Das ist ein aktives Verhalten, das allerdings auch einige Optionen ausschließt, weil wir uns bewusst gegen etwas positionieren. Und das ist ein mutiges Verhalten, das dem Umfeld klarmacht, wo wir stehen, wofür wir stehen und wofür nicht. Sich zu positionieren ist eine Lebenshaltung.

Die Frage ist, ob wir uns durchs Leben mogeln und wie ein Chamäleon jeder Situation anpassen wollen, um bloß nicht aufzufallen. Doch das ist Opportunismus und in letzter Konsequenz wenig begehrenswert. Zwar kommt es seltener zu direkten Konfrontationen, allerdings steht ein Mensch, der keine Meinung hat, letztlich für nichts. Vielleicht hat man mit einer solchen Einstellung weniger Kontrahenten, doch eben auch weit weniger Menschen, die einem Achtung und Wertschätzung entgegenbringen.

Nicht umsonst sind Mut, Klarheit und eindeutige Werte gefragte Attribute. Wer keine Ecken und Kanten hat, dem fehlt es an Profil. Wer sich stets erwartungskonform verhält, bekommt möglicherweise selten Ärger, gewinnt jedoch mit diesem Verhalten auf Dauer niemanden für sich. Im Gegenteil: Wer zu allem Ja und Amen sagt, verdient sich in der Regel keinen Respekt, sondern wird doch nur müde belächelt.

Wir sind alle unterschiedliche Individuen, haben unterschiedliche Werte und verschiedene Präferenzen. Was kann verkehrt daran sein, diese Unterschiede zu zeigen und zu ihnen zu stehen? Klare Standpunkte, auch wenn sie auf Widerstand treffen, und eine klare Positionierung verleihen uns Souveränität. Und letztlich sind ein paar Ecken und Kanten unseren Mitmenschen lieber, denn so wissen sie, woran sie sind und können einfacher eine Entscheidung treffen. Wer nicht polarisiert, wirkt auf alle gleichmäßig neutral. Das ist nichts anderes als permanentes Mittelmaß. Wer mehr erreichen will, braucht klare Positionen – das bringt Kontroversen mit sich: Menschen, die eben nicht aalglatt sind, werden von einigen geliebt und andere mögen sie überhaupt nicht. Der Opportunist dagegen will von allen geliebt werden, erreicht mit seiner Konformität jedoch nur, dass er bestenfalls nicht stört und nicht weiter auffällt. Zwar ist niemand gegen ihn, doch ist auch niemand wirklich für ihn. Menschen mit klaren Standpunkten schneiden da letztlich deutlich besser ab. Das bedeutet nicht, keine Diskussionen mehr zuzulassen – im Gegenteil: Niemand von uns ist immer im Recht und jeder niveauvolle Meinungsaustausch gibt uns die Möglichkeit, die eigenen Ansichten auf den Prüfstand zu stellen und womöglich auch zu korrigieren. Doch wenn wir eine klare Position haben und uns auch neue Gegenargumente nicht überzeugen, sollten wir auch den Mut aufbringen, zu diesen Überzeugungen zu stehen.

Mein persönlicher Weg

Vor ungefähr zwei Jahren wurde mir immer klarer, dass ich mit sehr vielen Entwicklungen, Personen und Trends in meiner Branche nicht mehr konform ging. Es gab zu viel Show, zu viel Augenwischerei, zu viel Verlogenheit und Oberflächlichkeit. Ich spürte von Tag zu Tag immer deutlicher, dass es mir zuwider war. Also begann ich, vieles infrage zu stellen, einen neuen Weg zu finden, und habe öffentlich angekündigt, bald etwas anderes zu machen. Gleichzeitig habe ich gemerkt, dass ich mich von einem Großteil der „Kollegenschaft" distanzieren möchte. Also löste ich den Kontakt zu vielen von ihnen, weil sie einfach nicht zu meinen Werten und meinen neuen Plänen passten. Auf die Branchenspielchen hatte ich überhaupt keine Lust mehr. Damit handelte ich mir viel Widerstand und etliche verbale Angriffe ein, erntete jedoch auch viel Zuspruch und gewann andernorts mehr Anerkennung. Meine Ansichten habe ich öffentlich ehrlich geäußert. – Das alles sind Dinge, die man in einer Branche wie der meinen eher nicht macht.

Es könnte einem ja schaden. Man könnte Aufträge verlieren. Bestimmt habe ich Aufträge verloren – allerdings die, die ich ohnehin nicht mehr übernehmen wollte. Mittlerweile hat sich mein gesamtes Businessumfeld völlig neu geordnet. Es haben sich wunderbare und sehr wertvolle Kontakte und Aufträge ergeben, die genau meiner Businessrichtung und meinem aktuellen Lebenskonzept entsprechen. Ich bin dankbar für meine neuen Kundinnen und Kunden, mit denen ich mit größter Inspiration zusammenarbeite.

Um mir selbst und meiner Authentizität ein Stück näherzukommen und meine eigenen neuen Wege zu gehen, musste ich mit vielen Regeln brechen, mit bestimmten Kreisen, mit meiner Vergangenheit, mit liebgewonnenen Gewohnheiten, und mich von meiner Branche lösen. Diesen eigenen Weg im Sinne meines souveränen Ichs zu gehen, war gewiss nicht nur leicht, doch war es die einzige Möglichkeit, dorthin zu kommen, wo ich heute stehe. Und genau hier will ich sein.

Die Sache mit der Authentizität

Authentizität ist ein großes Wort, vor allem ist es ein Modewort, das meist sehr unreflektiert verwendet wird. Manchmal habe ich den Eindruck, dass diejenigen, die das Wort am häufigsten verwenden, am wenigstens wissen, was es bedeutet und welche Konsequenzen ein authentisches Verhalten haben kann. Angeblich sollen wir uns alle authentischer verhalten. Das entspricht vollkommen meiner Meinung. Doch was bedeutet das überhaupt? Zunächst einmal können wir überhaupt nur dann authentisch sein, wenn wir genau wissen, wer wir überhaupt sind. Solange das nicht geklärt ist, kann es keine Authentizität geben. Und Authentizität heißt ja nichts anderes als Echtheit. Deshalb geht es erst einmal darum, das echte Ich kennenzulernen.

Da Sie sich mit Ihrem Ich befassen, andernfalls würden Sie dieses Buch vermutlich nicht lesen, setze ich voraus, dass Sie ein gutes Bewusstsein für Ihr wahres Ich haben. Also meint Authentizität, dieses Ich in seiner Echtheit zu zeigen. Und das bedeutet nichts anderes, als zu sich selbst, den eigenen Werten und der eigenen Identität zu stehen. Es bedeutet also, in erster Linie sehr mutig zu sein und so zu handeln, wie es dem eigenen Ich entspricht. Hier kommen wir zurück zu Menschen mit klaren Standpunkten. Denn niemand kann heimlich authentisch sein.

> **»** *Authentizität bedeutet, zu sich selbst, den eigenen Werten und der eigenen Identität zu stehen.*

Deshalb bedeutet Authentizität mehr, als den meisten Menschen bewusst ist – nämlich Regeln zu brechen, Standards und Lebensmodelle zu hinterfragen und Position zu beziehen. Im allgemeinen Gebrauch ist Authentizität dagegen kaum mehr als ein schickes Schlagwort, bestenfalls noch mit dem Tipp verbunden, nicht allzu sehr in Rollen zu schlüpfen, die nicht zu einem selbst passen. Tatsächlich ist ein authentisches Verhalten jedoch auch ein nonkonformes Verhalten und ein starker Ausdruck des souveränen Ichs.

Vielfach ermöglicht erst die Abkehr von etwas anderem die Hinwendung zu sich selbst. Erst der Bruch mit dem, das nicht zu uns passt, ermöglicht das Entstehen des Neuen. Der Begriff Authentizität wird zwar oft einfach so daher gesagt, ist jedoch sehr konkret und hat – wenn diese Echtheit gelebt wird – Konsequenzen für das gesamte Leben. Deshalb ist es nicht leicht, den eigenen Weg zu finden und auch zu gehen.

Ein souveränes Ich bedeutet, die eigene Identität zu erkennen und authentisch das wahre Selbst zu leben.

Wer das Selbst lebt, das er in Wahrheit ist, erfährt dabei in seinem Leben eine außerordentliche Bereicherung, erhält neue Freiräume und Entwicklungsmöglichkeiten und damit eine reiche Erfüllung. Und ein erfülltes Leben und eine entfaltete Individualität sind für viele Menschen letzten Endes das, was ihrem Leben einen spürbaren und lebbaren Sinn gibt.

So zu sein, wie man sein möchte, und so zu leben, wie man es selbst für richtig hält, bringt in allen Lebensbereichen Zufriedenheit. Es stärkt zudem das Selbstbewusstsein und die persönliche Souveränität. Und es erfüllt das eigene Leben mit Sinn, wenn die persönlichen Werte und Überzeugungen die Richtschnur des eigenen Handelns sind. Authentische und souveräne Menschen verbiegen sich nicht und stehen für ihre Entscheidungen und Handlungen gerade. Und sie hinterfragen Strukturen und Institutionen, wenn es ihnen notwendig erscheint, denn sie haben keine Angst vor Veränderungen – und schon gar nicht davor, als Mensch mit Ecken und Kanten wahrgenommen zu werden.

Reflexionsfragen
- Wie authentisch sind Sie wirklich?
- Wie und in welchen Bereichen könnten Sie ein Regelbrecher werden?
- Welche Regeln müssten Sie brechen, um zufriedener leben zu können?
- Wann und warum verhalten Sie sich opportun?
- Was hält Sie davon ab, sich klarer zu positionieren?

14. *Schlussimpuls*

Erinnern Sie sich an das kleine Experiment vom Anfang des Buchs, in dem es darum ging, jeden Tag, etwas Neues in das eigene Leben zu lassen? Sie können dieses Experiment noch ein wenig erweitern: Nehmen Sie weiterhin jede Gelegenheit wahr, etwas Neues zu machen und machen Sie außerdem ab sofort jeden Tag etwas, das Ihnen Spaß bereitet. Lassen Sie keinen Tag vergehen, ohne sich Zeit für Freude und Genuss zu nehmen.

Wir haben selbst die Wahl und jeden Tag die Möglichkeit, Dinge zu unternehmen, die uns Spaß machen, oder widerwillig Dinge zu tun, die uns nicht passen, und dann jeden Tag den eigenen Ärger ein bisschen mehr hinunterzuschlucken. Natürlich besteht das Leben nicht nur aus Freude und Glück, doch können wir uns wenigstens bereithalten dafür und die schönen Momente ganz bewusst ergreifen.

Glück und Erfüllung sind großenteils eine Frage der eigenen inneren Haltung – eine Einstellung, Vertrauen in andere und uns selbst zu haben und eine gelassene Zuversicht zu entwickeln. Es ist Lebenskunst, das anzunehmen, was uns geschieht, und Dinge einfach geschehen zu lassen, ohne sich dabei von Widrigkeiten sofort aus der Bahn werfen zu lassen. Aus dieser Haltung kann Zuversicht entstehen, die Ausdruck von Vertrauen in die Zukunft ist. Das wiederum ist nicht gleichzusetzen mit unbedingtem Optimismus, sondern mit der Gewissheit, dass man den zukünftigen Ereignissen und Entwicklungen gewachsen sein wird.

Diese Einstellung zeigt sich auch in der Fähigkeit, sich bewusst dafür zu entscheiden (sofern es angemessen ist), einfach einmal nichts zu tun und Unvermeidbares geschehen zu lassen, statt auf jedes Ereignis und jeden Anlass sofort mit Aktionismus und Aufregung zu reagieren. Das kann beispielsweise bedeuten, dass man sich für die Erledigung einer Aufgabe richtig Zeit und Muße nimmt und sich einer Sache mit voller Hingabe widmet. Das kann ebenso heißen, nicht jedem Impuls nachzugehen, Entscheiden und Handeln also nicht nur von den vordergründigen Begehrlichkeiten leiten zu lassen. Wir haben viele Spielräume, die uns die Möglichkeit lassen, selbst zu entscheiden, in welche Richtung wir gehen wollen. Es liegt zu großen Teilen in unserer Verantwortung, wohin wir gehen und ob wir glücklich sind oder nicht.

Glück und Erfüllung hängen also vor allem von den eigenen inneren Bedingungen ab. Es kommt darauf an, dem Glück überhaupt eine Chance zu geben und es zuzulassen, bevor wir glauben, kein Glück zu haben. Deshalb halte ich jeden freudlosen Tag für einen verlorenen Tag. Lassen Sie also keinen Tag ohne Freude und Genuss vergehen. Denn auch das ist eine Frage der eigenen Entscheidung.

Literatur

Borgert: Stephanie: Die Irrtümer der Komplexität. – Offenbach: Gabal, 2015

Bordt, Michael: Die Kunst, sich selbst auszuhalten. – München: ZS Verlag, 2016

Etrillard, Stéphane: 16 Impulse für mehr Souveränität: Best of Stéphane Etrillard Jubiläums-Edition. – Fehmarn: Edition Forsbach, 2015

Etrillard, Stéphane: Auftritt und Wirkung: Souverän überzeugen – im kleinen Kreis und vor großem Publikum. – Paderborn: Junfermann, 2015

Etrillard, Stéphane: Charisma. Einfach besser ankommen. 55 Fragen und Antworten zum Mythos Charisma. Von grauen Mäusen und echten Persönlichkeiten. – Paderborn: Junfermann, 2010

Etrillard, Stéphane: Coaching in Minutenschnelle: Wie Sie Ihre Lösungen selber finden. – Fehmarn: Edition Forsbach, 2015

Etrillard, Stéphane: Das Unternehmermanifest: Vom Glück, sein eigener Chef zu sein. – Zürich: Midas, 2017

Etrillard, Stéphane: Fair zum Ziel: Strategien für souveräne und überzeugende Kommunikation. – Paderborn: Junfermann, 2014

Etrillard, Stéphane: Mit Diplomatie zum Ziel. Wie gute Beziehungen Ihr Leben leichter machen. – Offenbach: Gabel, 2013

Etrillard, Stéphane: Prinzip Souveränität – Als souveräne Persönlichkeit sicher entscheiden und handeln. – Zürich: Midas Management Verlag, 2014

Etrillard, Stéphane: Unternehmer-Souveränität: Leidenschaft, Klarheit, Orientierung. – Zürich: Midas Management, 2016

Etrillard, Stéphane: Work für Pay – Pay for Work: Eine Anleitung zur profitablen Selbstvermarktung für Freiberufler, Selbstständige und Unternehmer. – Göttingen: BusinessVillage, 2017

Frankl, Viktor E.: Der Mensch vor der Frage nach dem Sinn. – München: Piper, 2005

Metzler, Albert: Free your mind – Das kreative Selbst: Selbstbestimmt fühlen und denken – mehr Freiheit schöpfen. – Göttingen: BusinessVillage, 2007

Metzler, Albert: Alternatives Denken. Vom fremden Chaos zu eigener Struktur. – Göttingen: BusinessVillage, 2005

Michailow, Matthias, Hörning, Karl H., Gerhard, Anette: Zeitpioniere: Flexible Arbeitszeit – neuer Lebensstil. – Frankfurt am Main: Suhrkamp, 1990

Scherer, Hermann: Schatzfinder. – Frankfurt am Main: Campus, 2013

Schmid, Wilhelm: Glück: Alles, was Sie darüber wissen müssen, und warum es nicht das Wichtigste im Leben ist. – Frankfurt am Main, Leipzig: Insel, 2017

Veenhoven, Ruut: The four qualities of life: Ordering concepts and measures of the good life. In: Journal of Happiness Studies. 1 (1): 1–39. Retrieved 16 April 2011

Ware, Bronnie: 5 Dinge, die Sterbende am meisten bereuen: Einsichten, die Ihr Leben verändern werden. – München: Goldmann, 2015

Stéphane Etrillard

Der Autor ist international tätiger Keynote-Speaker und zählt zu den meistgefragten Business-Coaches im deutschsprachigen Raum. Der mehrsprachige Business-Philosoph und Vortragsredner gilt als Experte für «Unternehmer-Souveränität» und lebt in der Kulturmetropole Berlin, wenn er sich nicht frische Inspiration für seinen Unternehmeralltag und seine Kunden in Sydney, in Kalifornien, in New York, Paris oder Tel Aviv holt. In seiner Freizeit beschäftigt er sich leidenschaftlich mit Philosophie, Literatur und Klaviermusik und lernt mit großer Begeisterung das Klavierspielen. Sein einzigartiges Know-how ist seit über 20 Jahren in der Beobachtung und Begleitung von mehreren Tausend Unternehmern, Experten, Künstlern, Führungs- und Nachwuchskräften aus unterschiedlichsten Branchen entstanden. Mit seinen Privatissima und Masterclasses im Bereich Rhetorik, Dialektik und Selbstvermarktung verhilft er seinen Kunden zu mehr Souveränität in allen Lebenslagen. Zu seinen Klienten zählen Vorstände, Top-Manager, mittelständische Unternehmer, Solopreneure, Künstler, Freiberufler, Experten und Politiker. Er ist Autor zahlreicher Bücher, darunter *Prinzip Souveränität* und *Unternehmer-Souveränität*.

239

SOUVERÄNITÄT FÜR DIE BESTEN

Wenn Sie an Persönlichkeitsentwicklung im Bereich Unternehmer-Souveränität, Souveränität und Rhetorik Interesse haben, sind Sie bei Stéphane Etrillard an der richtigen Adresse. Seit Jahren bietet er Weiterbildung für Unternehmer, Geschäftsführer, Vorstände, Führungskräfte, Fach- und Nachwuchskräfte zu seinen Kernthemen in Form von Vorträgen, Seminaren und Einzelcoachings an.

Unternehmer-Coach | **Keynote Speaker** | **Top-Trainer** | **Executive Coach**

Seine exklusiven und hochkarätigen Coachings und Seminare stehen seit Jahren unter dem Motto **Klasse statt Masse**:

UNTERNEHMER-SOUVERÄNITÄT

CHARISMA UND SOUVERÄNITÄT

SOUVERÄNE DIALEKTIK UND KÖRPERSPRACHE

RHETORIK UND DIALEKTIK PREMIUM

MIT DIPLOMATIE ZUM ZIEL

RHETORIKAUSBILDUNG

MASTERCLASSES

WORK FOR PAY | PAY FOR WORK

In Kleingruppen und durch intensives Üben erhalten Sie in diesen Coachings und Seminaren sofort anwendbares Praxiswissen und hilfreiches Feedback, mit dem Sie Ihre Stärken ausbauen können, egal, wo Sie heute stehen.

Ihre Zufriedenheitsgarantie: in den Privatissima max. 6 Teilnehmer

Kontakt:
Tel: +49 - (0)211 - 936 7777 - 0
www.etrillard.com | info@etrillard.com

Top Performance Group GmbH
Schloss Elbroich | Am Falder 4
D-40589 Düsseldorf